给青春期
女孩的100个引导

翟晓斐 何小宁◎编著

中国·武汉

图书在版编目（CIP）数据

给青春期女孩的100个引导/翟晓斐，何小宁编著.
--武汉：华中科技大学出版社，2014.9(2022.11重印)
ISBN 978-7-5680-0083-3

Ⅰ.①给… Ⅱ.①翟… 何… Ⅲ.①女性-青春期-健康教育 Ⅳ.①G479

中国版本图书馆 CIP 数据核字(2014)第 100160 号

给青春期女孩的100个引导 Gei Qingchunqi Nühai De 100ge Yindao	翟晓斐　何小宁　编著

责任编辑：刘晓成
封面设计：末末美书
责任校对：曹　霞
责任监印：朱　玢
出版发行：华中科技大学出版社（中国·武汉）　　　电话：(027) 81321913
　　　　　武汉市东湖新技术开发区华工科技园　　　　邮编：430223
印　　刷：天津中印联印务有限公司
开　　本：710mm×1000mm　1/16
印　　张：15
字　　数：244千
版　　次：2014年9月第1版第1次印刷　2022年11月第1版第3次印刷
定　　价：42.00元

本书若有印装质量问题，请向出版社营销中心调换
全国免费服务热线：400-6679-118　　竭诚为您服务
版权所有　侵权必究

青春，是人生弥足珍贵的一段美丽年华。它像宝石一样绚丽，如鲜花一样娇嫩，当然也会遭遇阴霾雨雪，甚至狂风扬沙。进入青春期的女孩，告别了无忧无虑、天真烂漫的童年，个子长高了，身体开始发育，也有了自己的思想……不过，她们的生理发育和心理成长往往不是同步的。

作为儿童走向成人的过渡期，青春期意味着女孩将脱离父母的庇护，成为独立的个体，是心理"断乳"的关键时期。这一时期的女孩独立意识明显增强，不认为自己没有长大，不愿意听从父母的"命令"，不肯吐露心事；她们渴望获得外界的认可、尊重和赞赏。对此，很多父母开始感到迷惘：父母和孩子之间的距离似乎越来越远，交流也越来越少；孩子对父母的叮嘱则越来越不耐烦，甚至开始顶撞父母；孩子对学习开始厌烦，甚至背着父母上网、早恋……面对女孩的这些变化，父母既不能放任自流，又不能控制过严，因而总显得有些力不从心。

其实，引导青春期的女孩，要针对这一时期女孩的心理特点，做到对症下药。父母应学习并掌握有关青春期教育的知识，有的放矢地对女孩进行引导，才能帮助女孩健康、愉快地度过青春期。

总体而言，青春期女孩的身心发育表现出以下几个特点：

身体迅速发育

女孩步入青春期，身体的变化最为明显：脸上长出了青春痘，体型也有了变化，还有"好朋友"的到来……面对身体的种种变化，很多女孩既想弄个明白，又羞于开口。

父母要及时告诉女孩青春期的身体发育常识，特别是性知识。尤其是母亲，要在这个问题上扮演重要角色，通过多种方式给女孩解答困惑。当女孩了解了相关知识，就会接受身体上的变化，坦然迎接青春期的到来。

心理开始"断乳"

告别童年走向成人的过渡期，正是女孩心理"断乳"的关键时期。此时，女孩的情绪经常会表现出不稳定、矛盾的状态，情绪波动明显，许多心理问题开始显现：时而开朗热情，时而郁郁寡欢；自闭沉默，不愿与外界交流；自卑多疑，过度保护自己；过分焦虑，学习每况愈下……

父母要理解这一时期女孩的心理特点，针对性地进行引导，帮助她疏导心结、排解苦闷，做个阳光少女。

学习能力达到最佳状态

有人把青春期视为女孩学习能力的爆发期。这一时期女孩的注意力、记忆力、思维能力都达到了最好的状态,逻辑思维能力也日趋成熟,因而被视为女孩学习的黄金时期。

此时父母不要一味追求学习成绩,给女孩过大的压力,而要帮助她减压,以轻松、自然的心态对待学习,从而提高学习效率。

个性、品格、习惯开始形成

青春期女孩的性格、气质、品质等,在与外界的接触和交流过程中得到了发展,开始形成自己的思维方式。

父母在这一时期既不能对女孩做出强制性要求,也不能放任不管,而要在爱与管教中寻找教育的平衡点。一旦发现问题,应及时采取积极措施予以疏导和解决,为女孩未来的成功奠定坚实的基础。

西方心理学家把青春期视为个体发展的"危险期",这一时期既是女孩性格塑造的黄金时期,也是不良品质极易形成的危险阶段。所以,父母在积极引导和教育青春期女孩的同时,要学会理解和包容女孩的过失,尊重和支持女孩的独立,对女孩多一些信任、支持和理解,帮助女孩安然度过人生的"危险期"。

  本书从青春期女孩的身心发育特点出发，有针对性地对这一时期女孩的身体发育、心理成长、性格养成、情感引导、学习培养、价值观塑造等方面进行了详细的介绍，并辅以生动、鲜活的案例，教会父母如何有效帮助女孩走出青春期的困惑和迷茫，搭建起亲子沟通的桥梁，从而更好地陪伴和呵护女孩，让她们健康、快乐地成长。

目 录
CONTENTS

第一章 花开有期，"丑小鸭"的美丽蜕变
——接收青春期的身体信号

"什么是青春？"——步入青春期的标志 / 002

"我脸上起痘痘了！"——青春期的"战痘法则" / 004

"我喜欢玫红色的口红。"——青春的本色是最美的 / 006

"我的胸部怎么凸起来了？"——胸前绽放的"花蕾" / 009

"我流血了！"——做好迎接"好朋友"的准备 / 011

"我想吃冰淇淋！"——生理期的禁忌 / 013

"我现在心情不好！"——情绪遭遇起伏期 / 015

"我太胖了！"——减肥应轻效果而重健康 / 017

"我该注意些什么？"——呵护好娇嫩的自己 / 019

第二章 多愁善感，小女孩的秘密花园
——走进青春期女孩的内心世界

"你们别管我！"——青春期特有的叛逆 / 022

"我不想和别人一样!"——追求个性要有度 / 024

"阴天的时候,我的心情也差到了极点。"——青春期的多愁善感 / 027

"她们总是对我指指点点。"——敏感脆弱多自扰 / 029

"我刚才心情还不错,但是我现在想发火!"——心情犹如过山车 / 031

"这个世界和我想象的差距太大了!"——凡事不要太计较 / 033

"我不需要朋友。"——走出青春期的自闭心理 / 035

"我的事情我说了算!"——浇熄任性的小火苗 / 037

"我控制不了自己的情绪。"——不要沦为情绪的奴隶 / 039

"她们都比我漂亮。"——悦纳自己才能拥抱快乐 / 041

"面对那么多人,我不知道怎么融入。"——敞开心扉拥抱青春 / 044

"我讨厌她,因为老师总夸她。"——嫉妒是自己瞧不起自己 / 046

"我很爱哭鼻子。"——做内心强大的自己 / 049

"我的世界是灰色的。"——好心态成就一生 / 051

"我不善于表达,所以我很孤独。"——适当的内向并非坏事 / 054

第三章　开朗积极,让青春与阳光同行
——给青春期女孩的性格引导

"我感觉自己不快乐。"——笑容有助于性格塑造 / 058

"我胆子很小。"——树立自信才能战胜胆怯 / 061

"我想和她们一起玩。"——融入集体也是一种成长 / 064

"能不能快一点?"——耐心是克服急躁的良药 / 067

"我不知道怎么做才好。"——优柔寡断只会错失良机 / 069

"她应该向我道歉!"——宽容大度是做人的美德 / 072

"我不敢当着那么多人说话。"——做人要勇于表现自己 / 074

"我也不会让她好过的。"——将报复的心态扼杀在摇篮里 / 076

第四章 情窦初开，花季里的情感萌芽
——给青春期女孩的情感指引

"他长得好帅！"——对异性的好感不等于早恋 / 080

"他身材真好呀！"——对异性的身体开始好奇 / 082

"我觉得那样很美妙。"——性幻想并非不健康 / 084

"我离不开他。"——喜欢和爱是有区别的 / 086

"数学老师太有风度了！"——欣赏和崇拜不是爱 / 088

"我想和他见面！"——走出网恋的误区 / 090

"我有恋爱的自由。"——正确疏导"早恋情结" / 092

"我收到情书了。"——校园情书让女孩更自信 / 094

"我喜欢看他打篮球。"——挥之不去的单相思 / 097

"他喜欢上别的女孩了。"——顺利度过情感失落期 / 099

"我要去外地看他！"——崇拜偶像不如学习偶像 / 101

"我们彼此相爱。"——偷尝禁果容易抱恨终身 / 103

第五章 豆蔻年华，人见人爱的微笑天使
——给青春期女孩的交友指引

"我不想做淑女！"——懂礼仪的女孩更受欢迎 / 106

"我想让大家都听我说话。"——善于倾听会赢得更多的友谊 / 108

"她总是看我不顺眼。"——以善意回应同伴的不友善 / 111

"我不喜欢参加集体活动。"——克服"社交紧张"情绪 / 113

"我一看她那骄傲的样子就烦。"——赞美和欣赏收获好人缘 / 115

"你听说了没?"——为友谊守住隐私 / 117

"我不喜欢开玩笑。"——幽默是人际关系的润滑剂 / 119

"我也想大胆说出自己的想法。"——良好的表达是可以培养的 / 121

"我想一个人看那本书。"——学会分享可以收获更多 / 123

"我是答应过,但是我反悔了。"——诚信是做人之本 / 126

"她们都没有我做得好。"——谦虚使人进步 / 129

"别人说我老是冷着脸。"——做个人见人爱的微笑天使 / 131

第六章 亲子沟通,青春期与更年期的碰撞
——给青春期女孩的亲情引导

"你们别总在我耳边唠叨个没完!"——唠叨只会使孩子更叛逆 / 134

"我们之间有代沟。"——用理解和沟通化解冲突 / 136

"你不给我买裙子就是不爱我!"——亲情不是用物质来衡量的 / 139

"你们不可以动我的东西。"——尊重是相互的 / 141

"我自己知道该怎么做!"——多听取父母意见,避免走弯路 / 143

"你们都不要我了吗?"——避免孩子成为婚变的牺牲品 / 145

"妈妈怎么像变了个人?"——青春期遭遇更年期 / 148

"我真的做错了吗?"——人后教女,维护孩子自尊心 / 150

"我来帮您吧!"——爱干家务的孩子更有未来 / 152

"我下次一定改正!"——敢作敢当有风度 / 155

"爸爸妈妈,我爱你们!"——爱要大声说出来 / 157

第七章　书山有路，赢在青春起跑线
——给青春期女孩的学习指引

"我不喜欢读书。"——知识决定高度 / 160

"时间还早呢，不用着急。"——管理时间是一种能力 / 162

"我总是不能集中精力。"——成功来自于专注力 / 164

"我不知道接下来要做什么。"——提前计划让学习更有效率 / 166

"我努力了，但成绩还是不好。"——高分无捷径，学习有方法 / 168

"我实在学不好。"——不放弃便是最棒的 / 170

"我不喜欢数学。"——每门学科都有它的重要性 / 172

"我总是记不住。"——记忆力是智力发展的基础 / 174

"我很笨，肯定学不好。"——笨鸟也可以先飞 / 176

"我要是考不好怎么办？"——平淡看待考分，缓解"考前焦虑" / 178

"我刚进考场，学过的东西就全忘了。"——考前怯场需有效减压 / 180

"学习一点意思也没有。"——让学习成为一种兴趣 / 183

第八章　自尊自爱，花季女孩的自我保护
——给青春期女孩的安全引导

"我该怎么自救？"——未雨绸缪从容应对 / 186

"我就是忍不住割伤自己。"——内在的痛比外在的疼更需要关注 / 188

"这东西能让我变漂亮！"——健康的美才是真正的美 / 190

"我要离家出走！"——盲目追求自由会付出代价 / 192

"她总和我过不去。"——远离校园欺凌 / 195

"我要和朋友一起去酒吧玩。"——出入适合自己年龄的场所 / 197

"他说需要我的帮助。"——不可轻信陌生人 / 199

"我中大奖了！"——天上从来不会掉馅饼 / 201

"我摇到了一个好友！"——慎用社交软件 / 203

第九章　乐观从容，让好心态生根发芽
——给青春期女孩的价值观和人生观引导

"我也要买名牌鞋子！"——爱慕虚荣是孩子美好心灵的腐蚀剂 / 206

"我今天帮助了一个同学。"——付出永远比索取快乐 / 208

"我可以战胜困难。"——凡事乐观，战胜挫折 / 210

"我不想坐在第一排。"——态度决定高度 / 212

"钱是万能的吗?"——正确的价值观让孩子受用一生 / 214

"老师说真诚是一种美德。"——真诚待人得人心 / 216

"理想是什么?"——让梦想照亮人生之路 / 218

"我该选择哪一个呢?"——懂得选择，善于放弃 / 220

"他那样说对吗?"——是非观是约束行为的尺子 / 222

"我感觉很糟糕。"——苦与乐都是生命的馈赠 / 224

"我的一切是谁给的?"——富足的人生源于感恩 / 226

第一章
花开有期,"丑小鸭"的美丽蜕变
——接收青春期的身体信号

　　本来还是奶声奶气的小女孩,在外形上和男孩子没有太大的区别,但不知从什么时候起,女孩的身体出现了一系列令人惊异的变化:个头开始快速长高,胸前出现了"小肿块",身体有好几处第一次长出了毛发,还突然多了一个每月必会来访的"好朋友"……没错,小女孩马上就要蜕变成美丽的"白天鹅"了。

"什么是青春?"——步入青春期的标志

  小青今年12岁,最近她发现自己的身体出现了很大变化:胸部越来越"凸",私密处、腋下也生出了毛发;有一次上厕所的时候,她发现自己的下体竟然流血了。小青吓坏了,哭着对妈妈说自己"生病了"。妈妈检查之后,笑了起来:"青青,你不是生病了,而是变成大姑娘了。"

  小女孩"变成大姑娘",就是进入了青春期。青春期是人体生长发育的第二个高峰,也是从孩子转变为大人的必经阶段。

  青春期女孩的发育,首先是性的发育,包括性腺(卵巢)、内外生殖器和第二性征的发育。一般来说,9~10岁期间,女孩的乳房就会开始发育。这是青春期萌动的标志。到了11岁,女孩开始长出阴毛;12~13岁,乳头、乳晕继续增大,阴毛继续增多,并向阴阜及腹壁中部发展,而且阴毛由细变粗,色素渐渐沉着。

  大部分女孩的月经初潮年龄大约为12~14岁。在月经初潮后的前一两年里,卵巢功能还不完善,月经经常不规律。与初潮同时或者稍迟,腋毛开始长出,阴毛逐渐呈现成年女性特有的倒三角形分布;与此同时,乳晕区腺体发育,在已经增大的乳房上形成第二次隆起。

  通常14~15岁时,女孩会呈现规律的排卵性月经,乳房发育成熟,乳头突出在轮廓鲜明的乳房上;16~17岁时,发育接近成熟,此时身高的增长基本就会停止。

女孩在青春期的变化非常大，其中很多变化比较私密。为了让女孩面对身体变化的时候不至于手足无措、惶恐不安，妈妈应该在女孩10岁左右时向她传授一些青春期知识。当女孩有了心理准备，面对这种变化的时候就不会过于惊慌。

姗姗过完10岁生日的时候，妈妈突然意识到，姗姗即将步入青春期了，有必要告诉她一些女人的"秘密"。于是，妈妈带姗姗去书店买了一本青春期知识手册，先让姗姗自己读了一遍。然后，妈妈又跟姗姗一起探讨青春期身体会出现的变化。过了一段时间，姗姗有些兴奋地对妈妈说："妈妈，您的话果然应验了！我们班有两个女同学跟我一样，身体有了一些变化，但她们的妈妈事先并没有告诉她们，我跟她们解释之后，她们才不那么害怕了。"

关于青春期的变化，女孩一般比男孩更容易沟通一些。女孩到了10岁左右，妈妈就应该主动找机会和孩子沟通，让她对自己身体即将来临的变化有所准备。

需要提醒的是，女孩青春期身体各部位的发育，具有明显的时间性和次序性，具体如上文所述。如果9岁以前就开始发育，应怀疑为性早熟；如果16岁以后才开始发育，则是青春期发育延迟。不管是哪种情况，父母都要及早带孩子就医。

另外还应注意，不能给青春期的孩子滥用营养品，因为某些营养品中含有的激素可能导致孩子性早熟或者过度发育。

家长课堂

女孩在青春期的蜕变，就犹如一朵花儿含苞待放，是一件美好的事情。对此，父母一方面应该感到欣慰，另一方面也应及早给孩子生理和心理上的健康指导。

"我脸上起痘痘了!"——青春期的"战痘法则"

妍妍今年16岁,已经到了爱美的年纪。不过,最近她非常苦恼,因为她的脸上冒出了很多小痘痘。为此,她想了很多办法,但效果却很一般,妈妈只好带她去看医生。可医生说,青春期长痘很正常,不应随便用药,可以在饮食上注意一些。妍妍苦恼极了,每天不停地挤脸上的痘痘,很快她的脸上就出现了很多痘印,更不美观了。

女孩到了青春期,长青春痘是一种非常普遍的现象。

青春痘出现的原因是内分泌紊乱,引起雄性激素水平升高,导致毛孔堵塞,死皮细胞堵塞在毛囊里,油脂排不出去,越积越多,就形成了一个个小痘痘。

十几岁的女孩长出一脸青春痘的确影响美观,那该怎样正确应对它呢?

首先,切忌用手去挤压痘痘,以免引起化脓、发炎,而且脓疮破溃会形成疤痕和色素沉着,影响美观。

其次,保证充足的睡眠。进入中学后,学习压力越来越大,如果经常熬夜,会导致内分泌失调以及新陈代谢紊乱,这样最容易长痘。因此,父母应该监督孩子,让她们尽量将功课早点做完,保证在11点之前入睡。

心心脸上最近冒出了很多痘痘,看上去有碍美观,这让她非常着急。妈妈安慰她说："青春期几乎每个女孩脸上都会长痘，这是青春的标志。"但心心还是很苦恼。一天晚上12点多，妈妈发现心心房里还亮着灯，敲门进去之后，发现心心正在看小说。妈妈说："心心，保证充足的睡眠，才能少长痘。"心心听了恍然大悟："我说呢！看来我以后还是得早点睡。""对，这叫美容觉。晚上10点到凌晨2点是皮肤休息和恢复的最好时间段。所以，你应该尽量在11点之前睡觉。"心心认真地点了点头。

第三，杜绝不良的饮食习惯。青春期女孩要多吃蔬菜和水果，少吃高脂肪、高糖分的食物以及辛辣等刺激性食物。另外还要多喝水，保持新陈代谢正常。

第四，注意面部清洁。多用温水洗脸，也可采用冷热水交替的方式洗脸，促进面部血液循环及皮肤皮脂的代谢。

第五，多参加户外运动。运动可以促进人体的新陈代谢，使皮肤变得光滑、细腻，也能加快长痘处伤口的愈合。

家长课堂

青春期女孩长痘是很正常的，父母和孩子不必四处寻医问药。只要孩子有好的心态和好的作息习惯、卫生习惯，注意饮食，多参加户外运动，就能战胜青春痘。

"我喜欢玫红色的口红。"——青春的本色是最美的

琪琪今年15岁,已经蜕变成一个大姑娘,开始注重自己的形象了。妈妈发现琪琪脸上经常有化过妆的痕迹,于是问琪琪是不是用了自己的化妆品。琪琪虽然承认了,但是态度很恶劣:"我化个妆怎么了?为什么你能化妆,我就不能化妆呢?"妈妈见琪琪态度很强硬,只好暂时先不跟她谈论这个问题。

女孩到了青春期,女性意识前所未有的强烈。她们的身体开始发育成熟,既有少女的娇羞,又有成熟女人的爱美心态。她们不但注意自己的着装,还开始朝化妆品领域"进军"。但是,中学生浓妆艳抹不仅违反学校规定,还会因为在化妆上花费过多的精力而影响学习。那么,父母应该怎样应对呢?

方法一,让孩子明白内在美胜于外在美。

有位妈妈给喜欢化浓妆的女儿讲了奥黛丽·赫本的故事:"奥黛丽·赫本之所以成为很多人心目中的'史上最美的女人',绝不仅仅是因为她的美貌。最重要的是她有着一颗悲天悯人的心——她非常善良,曾多次探访和帮助非洲贫困地区的儿童。此外,人们之所以对她主演的电影也给予非常高的评价,是因为她的演技炉火纯青。在专业方面,她对剧本的选择很慎重,这就使得她主

演的影片水准很高，也很卖座。所以，人们看重她的内在和专业水平多于她的外在。"

最后，妈妈补充道："我觉得，很多人把她奉为'史上最美的女人'，还与她习惯以本色示人有关。试想，如果一个女人美若天仙，但总是化着很浓的妆，让人基本看不出她本来的样子，人们还会欣赏她吗？"

女孩听了妈妈的话，很快擦掉脸上的浓妆，恢复了清爽、白净的样子。她还表示，自己也要努力学习，丰富自己的内在，做一个像奥黛丽·赫本那样有气质、有内涵、美丽善良的女人。

青春期的女孩爱美，认为浓妆是塑造美丽的一种方法。父母应该让孩子意识到浓妆并不代表美丽，有时还会折损美丽，相信孩子会改变自己错误的认知。

方法二，偶尔满足孩子化妆的需要。

进入青春期后，恬恬越来越喜欢化妆了。一天吃晚饭的时候，妈妈告诉她，家里打算给她办一个"化装舞会"，让她尽情发挥自己的化妆水平。恬恬兴奋极了，抱着妈妈亲了一口。

舞会上，恬恬邀请了很多女同学，痛快地进行了一场"浓妆艳抹大比拼"。舞会结束之后，妈妈找恬恬谈心："妈妈觉得你们今天表现得都很棒，从你们化妆的水平来看，你们的审美都很令人赞叹。妈妈决定以后经常举办这样的舞会，让你们发挥自己的特长，满足你们的兴趣。"恬恬听了非常开心。这时，妈妈又补充道："不过，妈妈觉得，如果你们希望舞会达到最佳的效果，平时还是应该以素颜为主，这样才能更衬托出你们在舞会上的惊艳。"恬恬明白妈妈的主要目的是希望自己平时"低调"一些，但因为妈妈答应经常为自己举办舞会，所以她很痛快地答应了妈妈的要求。

很多青春期女孩化浓妆，在某种程度上也是叛逆心理的一种表现。父母如果强行阻止，只能让孩子更加反感，并且影响亲子关系。因此，父母不妨适当满足孩子的需要，在此基础之上再与孩子沟通，效果会好很多。

爱美是女人的天性，女孩进入青春期后，这种天性自然会快速显现出来。对此，父母与其压制孩子的"天性"，不如先表示赞同，再给她一些中肯的建议。随着孩子心智的成熟，相信她会逐渐形成正确的审美，并做出相应的改变。

"我的胸部怎么凸起来了？"——胸前绽放的"花蕾"

妈妈最近发现晴晴的小胸脯越来越凸出了，同时她还发现，晴晴好像很介意自己这一变化，总喜欢挑宽松的上衣穿，还开始驼背、含胸，努力让自己的胸部看起来不那么明显。妈妈有些苦恼，她不愿强迫晴晴，但又怕晴晴长此以往会形成驼背的毛病。

女孩一般从9~10岁开始，乳房率先进入发育期。对于这一变化，女孩往往会因为心理准备不足而无法接受。尤其是发育较早的女孩，担心自己会被看作异类，而受到别人的关注和嘲笑，所以往往含胸驼背，企图把自己的胸部"藏起来"。这对她们的心理和身体都产生了负面的影响。

那么，父母应该怎样让青春期女孩摆脱胸部发育带来的自卑和尴尬，快乐地接受这一改变呢？

妈妈必须要做的，就是给孩子做思想工作，树立正确的观念，让她知道胸部发育代表着健康，一味遮掩自己的身体变化会带来不良后果。

小迪胸部发育后，总喜欢含着胸，而且很忌讳别人注意她的胸部，即使别人只是不经意地扫一眼，她也会很敏感地转过身，尴尬地将自己的胸部遮挡起来。

妈妈发现小迪的变化后，决定和小迪好好谈一谈。她带着两张女明星的海报和一本书走进小迪的房间，对小迪说："小迪，妈妈知道你最近在经历着一些身体的变化,你可能对此很困惑,也很害羞。妈妈今天就是来告诉你,你已开始变得越来越美,应该将这种美大方地展示出来。你看,这是你最喜欢的女明星,她们都有着丰满的胸部,对吗?很多人都喜欢她们,除了因为她们有精湛的演技,还因为她们有着丰满而富有曲线的身体。相信我,等你长成一个大姑娘时,你也会因为自己丰满的胸部而感到自豪和骄傲的。"

妈妈见小迪渐渐听进去了自己的话,又翻开手里的那本书,指着其中一幅图片说:"你看,如果一个女孩因为自己的身体变化,总是含着胸、驼着背,一旦形成习惯,就会变成这个难看的样子。"小迪看着书上的那个反例,撇了撇嘴:"很不漂亮。"她顿了顿,又说:"妈妈,我明白了。"

丰满凸出的胸部是女性身体的一部分,青春期的女孩完全不必为此感到介怀。另外,妈妈还需要时刻关注孩子的发育情况,及时给她穿上合体的文胸。即使在发育早期,也应在孩子上体育课那天,给她穿一件护胸的小背心,以减轻女孩因顾忌胸部而产生的心理负担。

家长课堂

青春期女孩与男孩表面上最大的不同,就在于胸部的变化。在这个容易让女孩尴尬的问题上,父母尤其是妈妈一定要给予女孩更多的关注,不但要关注女孩的身体变化,还要关心女孩的心理变化。

"我流血了!"——做好迎接"好朋友"的准备

一个温暖的下午,丝丝和几个小伙伴在楼下跳绳,突然一个同伴指着她的裙子喊道:"丝丝,你流血了!你受伤了吗?"丝丝连忙转过身去看,发现裙子后面确实有几个血迹,可是她并不觉得身上哪里疼。丝丝觉得很奇怪,连忙回家去找妈妈。妈妈看了她的裙子之后,笑着说:"宝贝女儿,你长大了!"说完把她领到卫生间,给了她一片卫生巾,并教她怎样使用。妈妈一边教,一边给丝丝传授知识:"丝丝,这个叫月经,也叫例假,是我们女性的'好朋友',每个月都会来'探望'我们一次。下次你见到它的时候,就像我教你的这样用卫生巾解决。懂了吗?"丝丝既惊讶又有点羞涩,她知道这意味着自己就要成为妈妈那样的大人了。

青春期女孩的初潮时间范围比较大,妈妈应该多加注意观察孩子的身体变化,提前给孩子打"预防针",介绍相关知识,并给孩子随身准备卫生巾,教会她如何使用,以防初潮来临的时候手足无措。

尽管妈妈已经向12岁的妮妮解释过什么叫"月经",以及应该怎样对待它,但在真正面对初潮的那一刻,妮妮还是显得有些慌乱。

当时,妮妮正在学校上体育课,突然觉得下身有点异样,于是跑到厕所去检查,内裤上的血迹把她吓了一跳。她不敢出去上课,只好等同学来上厕所的时候,请她们帮忙把老师的电话借过来。妮妮既害怕又急切地向妈妈诉说自己的"悲惨遭遇"。妈妈安慰了妮妮好一会儿,她才逐渐平静下来,但仍心有余悸地重复着妈妈的话:"这不仅对我没有伤害,而且对我的身体有好处?"妈妈肯定地说:"是的!宝贝,妈妈向你保证。""这说明我长大了,我会变得越来越漂亮?""对呀。""这个不会受到同学们的嘲笑?""当然不会。她们也会有的,只是时间早晚而已。"妮妮终于放下心来,她挂掉电话,让同学帮忙拿书包里妈妈给自己早已准备好的卫生巾。

初潮后,由于女孩的卵巢功能尚不健全,经期可能会出现不规律的情况。如果情况不严重,妈妈可以从饮食和作息方面帮助孩子调理;情况严重时,应该在医生的指导下补充孩子身体所需的雌激素,以便形成正常的月经周期。一般等到女孩的卵巢功能逐渐成熟,月经才会正常起来。

若想孩子在面临月经时保持健康、积极的心态,妈妈必须做好示范,在自己面对每个月的那几天时,尽量不要在孩子面前抱怨身体的痛苦,而要积极乐观地面对。这样,孩子也会受到妈妈的感染,从而面对月经保持平和、愉快的心态。

"我想吃冰淇淋！"——生理期的禁忌

周六下午，小蕊的同学叫她一块出去买冰淇淋吃。小蕊最爱吃冰淇淋，因此想也没想就痛快地答应了。她挂掉电话，回到卧室里准备换衣服，妈妈跟了进来："蕊蕊，你和同学出去可以，但你的'好朋友'不是昨天刚来吗？这时候吃冰淇淋，你会肚子痛的。"小蕊一听，马上想起上个月没听妈妈的话得到的教训，决定出去只喝热饮料，不吃冰淇淋了。

女生经期是非常特殊的生理时期，经期身体较虚弱，身体抵抗力和免疫力都会降低。因此，妈妈要叮嘱女孩经期注意一些事项：

第一，清洁卫生。经期要注意局部卫生，每天用温水清洗，不宜盆浴或坐浴，以淋浴为佳。选用合格的卫生巾，并且要勤换。

第二，饮食有节制。月经期间注意补充营养，饮食宜清淡好消化，多喝水，多吃水果蔬菜，不可过量食用生冷辛辣刺激食物，以免引起痛经等不适。

第三，保证充足睡眠。充足睡眠不但可以缓解经期的不适，而且可以保证第二天精力充沛地学习和生活。

第四，注意保暖。月经期间如受寒冷刺激，很容易导致卵巢功能紊乱，引起月经失调或加重痛经症状。痛经时可以用热水袋热敷腹部，喝生姜红糖水，帮助减轻疼痛。

第五，运动要适量。经期可照常学习、劳动，促进盆腔血液循环，但一定要避免剧烈运动，以免盆腔过度充血，引起月经过多、经期延长、腹痛腰酸等问题。

第六，养成记录的习惯。仔细记录月经来潮的日期，推算下月来潮日期，养成记录健康的好习惯。

第七，心境平和。精神情绪对月经也有影响。有些女生因为紧张、焦虑而加重痛经症状，引起月经不调。有的女孩在经期会出现下肢发胀、腰酸、乳房胀痛、轻度腹泻等症状，这属于正常现象，不需要过于担心。

女孩天生就娇弱一些，青春期的女孩更需要妈妈的悉心照顾。因此，不论有多忙，妈妈都不要忽略女孩每个月的"那几天"，要时刻关注女孩的生理健康。

 家长课堂

对于青春期女孩的生理期，妈妈千万不可掉以轻心，只有从一开始就重视女孩处于生理期的身体，女孩才能在以后的岁月里形成良好的习惯。这对女孩一生的健康是非常有益的。

"我现在心情不好!"——情绪遭遇起伏期

晶晶刚刚还坐在沙发上和妈妈愉快地聊着天,现在却已经躲到自己的房间里去了。妈妈叫了晶晶两声,却迟迟没有回应,于是就过去看晶晶在干什么,她推开门,发现晶晶正坐在窗户前,望着窗外发呆。妈妈问道:"晶晶,妈妈叫你怎么不回答呢?"晶晶不知哪来的脾气:"干吗?你怎么这么烦啊?没事老叫我干什么,就不能让我自己待会儿吗?"妈妈不知道晶晶为什么情绪不好,但又不敢多问,只好先从她的房间退了出来。

谁知还不到一刻钟的工夫,晶晶又哼着小曲走了出来,甜甜地叫了一声"妈妈",一副很愉快的样子。妈妈有些迷惑了,晶晶最近的情绪怎么这么变化无常呢?

生活中,很多家长也有类似的烦恼,处于青春期的女儿似乎特别让人难以捉摸,本来还兴高采烈,下一秒就"晴转阴"了。父母或许觉得孩子"不可理喻",实际上,这是女孩青春期生理和心理变化的外在表现。

处于青春期的女孩,至少面临着三个方面的压力和挑战:一是身体正在发生急剧的变化,特别是生理方面的发育和成熟,使她们很容易过度兴奋;二是中学学习任务加重,竞争激烈,使得女孩心理承受的压力也比较大;三是随着女孩年龄的增长,她们渴望对社会有更多的了解,同时人际交往逐渐增多,接收的信息也越来越繁杂,这就使她们需要面对和处理的问题一下子变得复杂起来。以上三方面的压力和挑战交织在一起,使得步入青春期的女孩有些应接不暇,以致情绪不太稳定。

但是，如果情绪长期不稳定，对于学习、生活以及交际都会带来一定的影响。因此，父母要从以下几个方面入手，给孩子一些心理上的指导和帮助：

首先，父母要做开朗乐观的人，在家庭中营造愉快、轻松的氛围，尽量不将负面情绪带到家里。面对困境的时候，父母也要保持平常心，不抱怨、不焦虑。时间长了，女孩自然会受到感染，逐渐变得乐观、豁达起来。

其次，对于情绪变化过于强烈的孩子，父母的劝解也许起不到太大的效果。这时，不妨多进行"换角色实验"，在换位思考中让孩子感受到自己的行为是多么的"不可爱"，逐渐改正过来。

小雨是个好胜心很强的女孩，如果一次考试没进前三名，她就会生气地把自己封闭起来；如果父母哪一次没满足她的要求，她就会对父母产生仇视心理。由于她自我意识过于强烈，情绪变化莫测，父母一时手足无措，只好求助于心理医生。心理医生建议他们每天进行一个小时的"父母和孩子角色互换"。在这一个小时中，父母要模仿小雨的样子，表现出任性、难缠、好强、自我的一面，把难题扔给小雨来解决。短短两天时间，小雨就体会到了自己的态度给别人带来的负面影响，觉得自己很不应该。

最后，由于女孩的情绪变化与青春期的生理变化有着不可分割的关系，父母可以在饮食上下工夫，调节孩子的身体状况，进而达到调节情绪的目的。

据医学研究证明，女孩进入青春期之后，由于身体快速发育和月经来潮，对铁元素的需求量会大幅增加。而缺铁的女孩，更容易表现出情绪波动大、注意力不集中等症状。因此，父母要注意给青春期女孩补充足量的铁，比如可让孩子多吃动物肝脏、海产品等含铁较多的食物。

家长课堂

父母应教会青春期女孩主动疏导自己的不良情绪，遇到不愉快的事情不要闷在心里，可以向老师、父母或知心朋友倾诉。如果实在不想跟别人说，也可以以日记的形式写下来。

"我太胖了！"——减肥应轻效果而重健康

这天晚上，王梅做了一大桌子菜，打算给最近学习很辛苦的女儿补充点营养。谁知女儿回家之后，却淡淡地说了一句："你们吃吧，我不吃了，我不饿。"王梅很奇怪："你中午就吃得很少，上了一下午课，怎么会不饿呢？是在外面和同学一起吃东西了吗？""没有，我就是不想吃。您别问了，赶紧吃去吧！"

王梅纳闷地坐下来，丈夫随口说了一句："闺女可能是到了爱美的年纪吧，那天我瞟见她手机上有个特别瘦的女明星的照片……"王梅这下不淡定了："她才14岁，还没发育好呢，怎么能减肥呢？"

处在青春期的女孩，由于身体发育很快，体重也会增长，身体会变得丰满一些，这种第二性征的变化会让女孩觉得自己比以前胖多了。与此同时，女孩的爱美之心也开始变得强烈，当她们面对自己"臃肿"的身体时，往往会想到减肥。

青春期女孩的爱美之心虽然可以理解，但很多女孩为了拥有苗条的身材，采取节食甚至绝食的方式来减肥，又或者通过服用减肥药来减肥，这些都是错误的做法。这会导致身体发育不良以及难以预料的有害后果。另外还有一些非常极端的减肥方法，如催吐、过度节食、吃泻药等，都是女孩必须远离的减肥方法。

琳琳今年15岁,是一名"微胖界"的青春期少女。她特别羡慕那些身材骨感的女生,自己也想要变瘦,但是爸妈坚决不同意她减肥。后来她得知模特会用催吐、吃泻药等方式来保持身材,决定也用这两种方法来减肥。没过几天,妈妈就发现琳琳的脸色很难看,一副很虚弱的样子,问她却什么也不说。妈妈仔细观察了两天,大概猜到了琳琳在干什么,她从网上找了很多资料,耐心地向琳琳解释了长期催吐、吃泻药会对胃带来巨大的伤害。琳琳自己也感觉身体太难受了,决定再也不这样做了。

青春期女孩应该正确看待进入青春期后体重的增长,最好在身体发育完全之后再考虑减肥的事情。如果自己的身材确实需要改变,也应该选用健康、合理的减肥方法,比如少食多餐、适量运动。

少食多餐,既能让人体的基础代谢不降低,又能保证一天所需的能量供给,还不会影响身体健康。同时,如果一周能进行3~4次有氧运动,每次45分钟左右,就能达到更好的减肥效果。

过度节食减肥或采用其他极端减肥方法,都是以牺牲健康为代价的,会影响身体健康和正常发育。因此,尽量不要在青春期考虑减肥的事情,倘若确实需要减肥,父母要引导孩子采用科学的方法适当减少食量和增加运动量。

"我该注意些什么?"——呵护好娇嫩的自己

女性的生理结构非常特殊,相对男性来说身体更加柔弱一些,因而青春期女孩的身体机能应该特别受到重视和保护。

首先必须保护好性器官。女性的外生殖器构造较为复杂,皮肤黏膜皱褶较多,且前有尿道口、后有肛门,加上少女的会阴部屏障作用尚不完善,因此很容易罹患炎症。所以,平时要注意以下两点:

一是注意私处卫生。女孩进入青春期之后,随着月经来潮和白带的分泌,私处的环境变得更为复杂,一旦卫生工作做不好,便有可能感染炎症。保持私处清洁要做到:内裤经常换洗,并杀菌消毒;每天洗澡时要冲洗外阴;大便后,手纸要由前向后擦,小便后也要用卫生纸擦干净;经期使用合格的卫生巾,并及时更换。

二是预防"时装性炎症"。有的青春期女孩喜欢追求另类美,经常穿比较紧身的低腰牛仔裤。当会阴长期处于温热、潮湿的状态时,各种致病菌就会快速生长、繁殖。因此,女孩应该尽量选择合体、布料弹性好、透气性好的衣服。

小洁是个身材比较瘦的女孩,很喜欢穿一些紧身衣服来显示自己的身体曲线。妈妈经常劝她换下来,但妈妈越是反对,小洁就越是要捍卫自己自由选择衣服的权利。这天,妈妈又劝小洁,小洁忍不住爆发了:"我都这么大了,为什么不能穿一些显示身材的衣服呢？我不是小孩子了，又不是很暴露，为什么不能穿？"妈妈耐心地向小洁解释这是为了她的健康考虑，而不是想要干涉她穿衣服的自由。当妈妈说明了一直穿牛仔裤对私处健康有不利的后果之后，小洁的情绪慢慢稳定了下来，表示以后会尽量少穿牛仔裤。

其次，保护好子宫。子宫是女性身体中最特殊、最美好，同时却又很脆弱的存在，人流手术会使子宫内膜变薄，从而导致习惯性流产、产后大出血、难以受孕等。所以要用最温柔的方式对待它，保护好自己的子宫，就是捍卫好以后自己做母亲的权利。

最后，注意呵护乳房。一是保持乳房的卫生。经常清洗乳房，勤换内衣，防止发生感染。二是正确佩戴文胸。戴文胸过早和过紧，会影响乳腺的正常发育。选择大小合适、质地柔软、吸汗性强、不刺激皮肤、通透性能好的文胸，有利于保护乳房。三是不要盲目减肥。乳房发育不良者，应注意加强营养或科学按摩，禁止滥用丰乳药物。四是定期检查乳房。自青春期起，应该养成定期检查的习惯，以便及早发现乳房结节等，及时就医。

家长课堂

刚进入青春期的女孩，由于缺乏对身体的必要了解，保护自己的意识也不那么强烈。这时，父母要给予女孩更多的关注，不但要讲明白生理知识，还要告诉她保护自己的方法。只有让孩子意识到问题的严重性，她才能更好地呵护自己，并且坚持下去。

 第二章

多愁善感，小女孩的秘密花园

——走进青春期女孩的内心世界

青春期的女孩，在性情上给人的最深印象就是"多愁善感"。在她们眼中，很多事情都可以用来感慨一番，哪怕只是下雨、下雪、刮风、日晒等天气变化。女孩心思细腻、敏感，做事比较谨慎，但如果总是一副多愁善感的模样，不但会给人悲观消极、很不阳光的感觉，还会影响女孩的生活和交际。对此，父母应该在理解孩子的前提下，引导她变得开朗、阳光一些。

"你们别管我!"——青春期特有的叛逆

小爽今天回家的时候,身上又有一股浓烈的烟味。妈妈问她去哪儿了,她头也不抬,含糊地说了一句"没去哪儿",转身就要进屋。妈妈突然指着她胳膊上面的一个文身,情绪激动地问道:"这是怎么回事?你什么时候去弄这个了?谁同意你弄这个了?你这个孩子,怎么最近总做不正经的事,你是要气死我们吗?!"妈妈气得全身发抖,小爽却丝毫不肯认错,说道:"这是我自己的身体,我爱怎么折腾就怎么折腾。你们别管,也管不着!"说完她就回屋并反锁上了门。妈妈无力地瘫坐在沙发上。

女孩进入青春期后,身体越来越成熟,心理却没有表现出相应的成熟,反而越长越"小"——她们越来越喜欢和父母对着干,比如和男生过分亲密、爱说脏话、喜欢奇装异服,甚至文身、在身上穿孔……在父母看来,这是社会不良少年才做的事情,而这些都在自己女儿身上真实地发生了。这令他们感到费解,也令他们惊慌不已,不知如何应对。

为什么女孩会有这样的心理"逆生长"现象呢?首先,父母应该了解青春期女孩特有的心理特点,最突出的表现就是有了独立意识。她们意识到自己是个日益强大的个体,应该由自己来主导自我生活。于是,她们迫切想将这种自由充分展示出来,比如通过与父母对着干的方式。

父母要对女孩叛逆的行为表示理解,并尽力去了解其背后的原因,在满足女孩独立意识的前提下，引导她培养温和、理智的性情。

方法一，和青春期的孩子做好朋友。

因为妈妈一直将小丽当朋友对待，小丽从小就愿意把自己的"秘密"告诉妈妈。进入青春期后，很多同龄的女孩都讨厌和妈妈说话，更加讨厌妈妈插手自己的事情。小丽的妈妈很聪明，她很少主动管小丽的"私事"，同时，对于小丽告诉自己的事情，她总是尽最大努力去理解、去接受，有时还会帮遇到困难的小丽出谋划策。所以小丽一点也不排斥妈妈，很乐意让妈妈了解自己的想法。

青春期的女孩也渴望与父母平等相处，敞开心扉。但父母往往站在"管教"孩子的位置上，使孩子的这种渴求得不到满足，只好埋藏在心里。而这些心里话又往往碍于自尊心，不愿被别人知道，于是就形成了既想让他人了解又害怕被他人了解的矛盾心理，这也是孩子叛逆的原因。因此，父母应首先放下管教孩子的心态，争取和孩子做一对无话不谈的朋友，这会在很大程度上缓解其心理叛逆。

方法二，用鼓励的方式让孩子走出叛逆。

很多时候，父母越是说孩子"这样不好、那样不好"，孩子越是容易逆反，偏要跟父母对着干。对此，父母不妨变批评为鼓励。比如，当发现其他女孩都在文身的时候，找个机会"表扬"孩子很听话、很理智，知道那样做是不好的。孩子得到了表扬，这种动力会驱使她做一个更好的孩子，以便再次得到父母的表扬，心理叛逆也会相应地缓解。

家长课堂

青春期女孩渴望自主，父母不妨顺着她，先赢得孩子的信赖，再婉转地给她一些建议，这样就更容易被接受。另外，女孩长大了，只要她不做出过分的事情，父母就应该给予相应的空间，让她大胆地尝试一些新鲜事物。

"我不想和别人一样！"——追求个性要有度

周一早上，圆圆穿上昨天买的新衣服，匆匆吃完早饭，就背着书包出门了。谁知才过了5分钟，圆圆又回来了。她一进门就扔下书包，回房间换了一件衣服，出来重新背上书包就要出门。妈妈叫住圆圆，问她为什么要换衣服。圆圆说出了一个令妈妈十分惊讶的答案："我刚看见外边有个人穿着跟我那件一模一样的衣服。"

很多家长会发现，女儿到了一定年龄之后，会很刻意地追求"与众不同"。她们很讨厌跟别人穿戴一样，更讨厌别人说自己和某某很"像"。父母常常搞不懂孩子为什么要显得那么"不平凡"，其实这是青春期女孩的"通病"。

青春期的女孩自主意识越来越强，反叛心理也越来越重，总想显示出自己的独特。有的除了喜欢奇装异服之外，还总喜欢追求一些黑色元素、血腥元素。还有一些女孩所谓的追求个性，其实是一种"目光渴求症"。其实，真正的个性是一种内心上的与众不同，而一味追求外表的与众不同，是一种心理问题。

那么，父母该如何让孩子知道这样的追求是不为大众所接受的、过于另类的追求呢？

方法一，让孩子站在大众的角度思考。

楠楠最近总是喜欢很奇特的东西。有一次，妈妈浏览楠楠的空间相册，被里面那些黑暗、血腥、压抑的图片吓了一跳。妈妈知道如果直接去劝楠楠，她不一定听得进去。

妈妈思考过后，做了两组图片，一组是楠楠喜欢的风格，充满血腥、奇异和暴力；一组是很阳光、很大众的风格。面对两组图片，妈妈让楠楠从以下几个方面做出评判：哪组更容易被大众接受？哪组看上去让人更愿意与它的主人交朋友？哪组让人觉得更舒服？长期在哪组模式下生活，不会让人感到压抑？楠楠比较了很久，最终很诚实地选择了那组大众风格的照片。妈妈很满意地说："楠楠，妈妈知道在你这个年纪，会喜欢一些另类的东西。你可以坚持自己的爱好，但你应该知道，爱好不能完全带入到生活中，生活中最受欢迎的，还得是那些平时最令大家感到舒服的事物。你说对吗？"楠楠很赞同地点了点头。

方法二，让孩子将个性化的东西作为一种收藏放在家里。

小美刚上高中，她的妈妈最近发现小美的变化巨大，与之前听话守规矩的样子判若两人。有时因为工作忙，她让女儿自己去买衣服，结果女儿买回来的衣服让人无法接受：破洞乞丐装、超短裤、一字超低领衣服等等，小美还经常浓妆艳抹、穿着这些衣服出门。妈妈自然十分不满，但也知道不能强硬制止。后来，妈妈跟小美达成了一个协议：只要小美不浓妆艳抹、不穿这些不得体的服饰出门，妈妈可以给她专门准备一个柜子放那些服装和化妆道具，另外，妈妈还可以为装扮后的小美拍照，分享到网络空间。小美既得到了妈妈的支持，又能展示给自己的同学和好友看，心里很高兴。她自觉遵守和妈妈的约定。

父母若一味反对孩子的喜好，很容易引起她的叛逆心理，让她有更强烈的欲望去追求那些"个性"的东西。父母不妨先对孩子表示支持，不要强制孩子去改变，而是采取更委婉、更巧妙的方式，润物细无声地对孩子的爱好进行引领和熏陶。

家长课堂

关于青春期女孩追求个性化的问题，父母其实不用过于介怀。想想看，即使是思想成熟的成年人，也会希望自己能够显得与众不同，这是人之常情。父母应该在理解孩子的基础上，引导她稍微向"主流"靠拢一些，不要显得过于"非主流"，这就足够了。

"阴天的时候，我的心情也差到了极点。"——青春期的多愁善感

  周日上午，妈妈忙着做家务，依依走进厕所，在里面待了20多分钟。妈妈见她很久都不出来，就过去敲了敲门，问她在里面做什么。依依的声音有些哽咽："我没事，我马上就出去了。"妈妈很纳闷，扭头看到电视里正在播放一部大火的宫斗剧，立刻就明白了女儿最近总爱上演的那一出"伤春悲秋"。果然，依依从厕所里走出来，眼睛红红的，张口说的第一句话就是："这里面的女人怎么那么惨，一辈子都要被关在皇宫里，地位虽然高，吃得好住得好，但好几个月才能见皇上一次。我一想到古代有那么多女人都是这样度过一生，就忍不住想哭。"妈妈有些无语，看个电视需要这么动感情吗？

  女孩进入青春期以后，思考和感受能力增强，并且感觉事物的触角变得越来越敏锐。加上女孩往往更加善良、情感细腻，因此对很多事情会抱有过多的期待和同情。这就导致女孩时常表现出"多愁善感"。很多父母为此心忧，不知道孩子会不会一直这样下去。

  要想帮助女孩从这种过于多思的状态中走出来，父母可参考以下两种方法：

  方法一，鼓励孩子多做有益身心的运动。

  小玉最近总是懒懒的，天天宅在家里不出去。妈妈还发现她

总喜欢唉声叹气。一到阴天下雨的时候,她这种阴郁的心情就更加明显了。妈妈觉得小玉这样敏感多思不利于心理健康,于是给她报了一个她心仪已久的街舞学习班。这以后,小玉除了每周上两次街舞课之外,在家也总是对着镜子练习,还经常询问父母的意见。一段时间后,小玉便开朗、豁达了许多,对很多事情也不那么"较真"了。

如果孩子过于多思,父母可以用体力活动来转移一下她的注意力,不让她的大脑有太多的时间去思考那些令人"忧愁"的事情。而且,运动也会增强孩子的活力,使她更加阳光、活跃。

方法二,告诉孩子,很多事情都不能由自己决定。

人生会经历很多令人烦恼忧愁的事情,青春期女孩看到的只是冰山一角,如果凡事都要感慨一番,很容易搅得自己心绪大乱,无法用心做好当下的事情。对此,父母要给孩子树立一个积极的观念:对于那些力所能及的事情,可以通过自己的努力去改善;而对于那些自己能力尚达不到的事情,就要学着释怀,放宽心态,如此才能万事从容。

 家长课堂

青春期女孩容易多愁善感,父母要经常引导她乐观地看待事物,多看事物好的、令人开心的一面。当孩子积极思考问题的思维不断得到强化,遇到事情时,她就会习惯性地先想到令人开心的、欣慰的一面,这样一来,自然就不会那么多愁善感了。

"她们总是对我指指点点。"——敏感脆弱多自扰

妈妈出去买菜的时候，在街上碰到了独自回家的芳芳，接着又在不远处看见了独自回家的晴晴。妈妈心想：平时她们都是一块回家，今天一定是闹矛盾了。回到家后，妈妈试探着告诉芳芳，自己碰到了放学回家的晴晴。芳芳鼻子里"哼"了一声，说道："她今天和别人说我坏话，我不想理她了！""是吗？那她怎么说的？"妈妈关心地问道。"我也不知道，我没听见她们怎么说的。我看见她和另外一个同学在那小声嘀咕，还总往我这边看。她们肯定是说我坏话了！"妈妈有点愣住了：芳芳仅凭这一点就认定别人说她坏话，也太敏感多疑了。

很多家长会发现，女儿进入青春期之后就像变了一个人似的，动不动就怀疑别人说她坏话、对她有意见、不喜欢她，一点也不像原来那个直爽热情的小姑娘。

女孩之所以会发生这样的变化，是因为步入青春期后，她们会不自觉地注意自我，关心自己在别人心目中的形象，尤其是在异性心目中的形象。加上青春期情绪不稳定，容易偏执地看待问题，因此她们对人与人之间的关系十分敏感。

对此，父母可以尝试用下面的方法和孩子沟通：

方法一，对孩子的想法表示理解，再告诉她应当怎样做。

珠珠一脸不高兴地回到家里,妈妈关心地问了几句,她立刻扑到妈妈怀里哭了起来:"我在学校都没有朋友,是不是她们都觉得我长得不好看,所以不跟我玩?"妈妈帮珠珠抹去脸上的泪水,温柔地说:"宝贝,首先,你长得很可爱。第二,你有没有朋友,不是由外貌决定的,而是由你的性格决定的。如果你很活泼、很大方、很善良,主动友好地和别人相处,相信一定会有很多人愿意和你做朋友。你要做的不是怀疑自己,而是迈出第一步,主动去结交朋友!"珠珠认真地听着,泪水渐渐止住了。

青春期女孩的世界是非常单纯的,她们会因为一个很小的原因而怀疑自己。这是一个很好的教育机会,父母可以鼓励她主动迈出一步,忘掉那些猜忌,这对她的人际关系是有好处的。

方法二,多带孩子到户外活动,接触大自然。

经常带孩子到户外走一走,接触大自然,新鲜的空气和美丽的景致可以让孩子心情放松、心境开阔。

密歇根大学心理学家斯蒂芬·开普勒做过一个有趣的实验,他分别让两组人员在不同的环境中工作,其中一组的办公室窗户靠近自然景物,另一组的办公室则位于一个喧闹的停车场。结果他发现,前者比后者对工作的热情更高,效率也更高。

当孩子有了热情,对于他人如何看待自己自然就不会有那么多的不自信和猜忌,而会主动热情地打开交际之门。

家长课堂

对于总是怀疑别人不喜欢自己的女孩,最好的方法是让她多参加集体活动,感受与同伴相处的快乐。当她知道别人并没有反感或者排斥自己,反而相处很愉快的时候,她就会信心大增,同时减轻猜疑心理。

"我刚才心情还不错,但是我现在想发火!"——心情犹如过山车

娜娜15岁生日那天,全家人聚在一起给她庆祝生日。开始的时候,娜娜还很开心,和大家有说有笑,但过了还不到10分钟,她就一个人坐在椅子上"冷面"对人了。妈妈问她怎么了,她一边回答没事,一边还表现出一副"别理我,再理我我就爆发"的忍无可忍的样子。妈妈努力回想着,刚刚并没有人惹她生气啊,看来是娜娜那"无缘由晴转阴"的老毛病又犯了。

青春期女孩的情绪变化常常令人费解:刚刚还一脸高兴,突然就没缘由地"变脸"了;有时明明很不开心,表现出一副不希望别人来打扰的样子,但一转眼又会变成最活泼的那一个,到处跑着去找别人玩。

其实,这些情绪跟青春期女孩的生理变化和心理变化都是分不开的。女孩的这些表现虽然不那么"可爱",但却是可以理解的。事实上,她们自己也因此很受困扰。所以,父母不要一味责怪孩子,而要了解她内心的想法,帮助她疏导情绪,使其情绪得到合理的控制。

针对青春期女孩的这一情绪特点,父母可以采取以下几种方法帮助她尽快度过这一情绪多变期:

方法一,让孩子亲身体会跟"情绪多变的人"做朋友是多么令人不快的一件事。

星星这两年脾气变得令人难以捉摸，阴晴不定。妈妈虽然多次和她沟通，但都没什么效果。

有一天，爸爸下班回家后，非常热情地和星星打招呼，并给她讲了一个笑话，父女俩笑成一团。接着，爸爸进屋换睡衣，出来就跟变了个人似的：星星请他再讲一个笑话，他却绷着脸不出声；星星问他怎么了，他不耐烦地发了两句牢骚。星星非常气愤，转身回自己房间去了。几分钟后，爸爸走了进来，对星星说："星星，你现在是不是很不开心，觉得爸爸的做法很令人讨厌？"星星点了点头。"爸爸只是想告诉你，一个人如果情绪不稳定，忽而高兴忽而生气，会让她身边的朋友觉得她不好相处，慢慢地不愿意和她做朋友。"星星似乎听懂了，她低下头，惭愧地说："爸爸，我明白了，我以后一定会改。"

换位思考是一种很有效的教育方式，父母不妨用这种方法让孩子切实体会到自己不好的一面，从而做出改变。

方法二，引导孩子像成年人一样管理自己的情绪。

青春期女孩也知道阴晴不定的情绪不讨人喜欢，但她们有时就是无法控制自己的情绪。这时，父母可以教孩子几招控制情绪的方法，比如：随时提醒自己保持微笑，记住自己笑起来比不笑要好看一百倍；遇到生气的事情时，先深呼吸3次，保持冷静并微笑。开始的时候孩子也许做不好，但只要父母坚持提醒和督促，就能帮助孩子管理好自己的情绪。

青春期女孩随着情绪体验的转变和加深，潜在的社会情感会被激发出来，并快速确立和发展，如道德感、美感、友情以及责任心等。因此，父母在引导孩子管理情绪的同时，要注意引导她对事物正确感知的能力。

"这个世界和我想象的差距太大了!"——凡事不要太计较

兰兰放学回家后,一把将书包扔在地上,生气地喊道:"她有什么了不起的!她有什么了不起的!"妈妈被她吓了一跳,但还是静静地等着,等兰兰情绪发泄得差不多了,才询问她到底发生了什么事。兰兰气愤地说:"我们班那个'班花',仗着自己家里有钱,每天到学校之后就显摆她的衣服,什么这个是名牌,那个有多贵。我都快烦死了!"妈妈知道这可能是源于兰兰的嫉妒心,但这种心理是不对的,该怎样说服她以平常心面对周围的人和事呢?

青春期的女孩,有时表现得非常温柔,有时却像个愤世嫉俗的"小愤青",对什么事情都看不惯,一会儿看那些有钱的人不顺眼,总是摆出一副"有钱有什么了不起"的姿态;一会儿又为那些贫穷的人打抱不平,抱怨社会太黑暗、有钱人太冷血;一会儿觉得学校设置的比赛不公平,一会儿又觉得老师留那么多作业太讨厌……这种心态和性情,势必会影响到女孩的心理成长。面对女孩的这种变化,相信所有父母都会异常焦急。那么,怎样做才能让孩子改变这种强烈的愤世嫉俗的心态呢?

方法一,让孩子明白世界上有很多不公平的现象,但只要肯努力,梦想便有可能实现。

苗苗和妈妈聊天的时候,经常说自己很讨厌那些"富二代"。

妈妈笑着说:"很多普通人讨厌'富二代',实际上是因为嫉妒他们不用自己拼搏就拥有大笔的钱财。你也是这样吗?"苗苗倒也很坦诚,回答道:"好吧,我承认,可我就是觉得不公平,凭什么他们天生就有这样的优越性?"妈妈收起笑容,认真地说:"苗苗,每个人生来起点就不一样。人生最大的成功,不是你的起点有多高,而是你能在起点的基础之上进步多少。想想看,很多人生下来的环境比你更糟糕,但他们也能通过自己的努力,变成'富二代'的爸爸和妈妈,这不是很励志吗?"苗苗点了点头。

父母要让孩子知道,一个人无法选择自己的出身,但却可以掌握自己的命运。不要去仇视任何人,而要把比自己优秀的人当作榜样,不断努力,创造属于自己的人生。

方法二,让孩子了解这个世界虽然有黑暗的一面,但也有很多美好的事物。

很多女孩在青春期接触了大量的外界信息,其中也包括世界的黑暗面。这些黑暗面让女孩对人生产生了怀疑和抵触情绪,变得愤世嫉俗。针对这种情况,父母要多给孩子讲一些美好的事例,让她懂得世界有黑暗的一面,但也有美好的一面。此外,还可以带孩子接触一些有趣的人或事,多参加一些公益活动,这些对缓解孩子的过度紧张都是很有效的。

 **家长课堂**

青春期女孩会接触大量的外界信息,父母可以在孩子开始对外界感兴趣的时候,多向她传播一些正面信息和正能量,从而使孩子在面对负面事件时有更强的承受能力。

"我不需要朋友。"——走出青春期的自闭心理

放暑假已经快一个月了,彤彤却从来没去找朋友玩,妈妈不禁有些担心:"彤彤,你和朋友们暑假不打算一起出去玩吗?"彤彤摆弄着自己的头发:"我才不稀罕跟她们出去玩。我不喜欢和她们交朋友。""为什么?"妈妈着急地问道。但彤彤并没有回答这个问题。

青春期是本应活泼、开朗的年龄,而孩子却如此"落落寡合",父母难免会着急,但有时父母越是着急,孩子就越表现得满不在乎。父母鼓励她外出,她就说自己喜欢待在家里;父母让她多交朋友,她偏偏说自己不需要朋友。就这样,既没有朋友,也不外出,家里偶尔来了客人,她也总是把自己关在房间里不说话。

究其原因,主要是女孩进入青春期后,开始关注自我。她们非常渴望别人也能关注自己并和自己交往。但是,青春期女孩又非常敏感多疑,一旦她们认为(或者误认为)别人对自己不热情,那么她们跟别人交往的意愿也会大打折扣。时间长了,就有可能变自我封闭。

那么,父母应如何帮助青春期女孩走出自我封闭的状态呢?

方法一,多带孩子去户外,创造机会让她与别人交流。

甜甜已经16岁了,小时候活泼好动的她,现在突然像变了一个人似的,不爱说话,也不爱和同学一块玩。妈妈看在眼里,急

在心上。

后来,妈妈一有空就带甜甜出去,图书馆、商店、餐饮小店,想去哪里就去哪里,并有意让甜甜和别人多交流,把一些买书、买饮料的任务交给她去做。就这样,在不断和别人交流的过程中,甜甜体会到了与人交流的好处。慢慢地,甜甜和同学又恢复了来往,经常相约一起出去玩。

方法二,通过满足孩子的一项爱好来帮助她从自我封闭中走出来。

露露最近不知怎么了,总是把自己关在房间里不出门,也不爱跟别人说话。妈妈试着用多种方式与露露沟通,但效果并不佳。后来,妈妈让露露去学她喜欢的吉他,露露终于恢复了一丝神采。兴趣果然是最好的伙伴和老师,在吉他课上,露露跟老师交流起来非常愉快畅通,"自闭"的现象也消失得无影无踪。

表面上自闭,表现得对任何事情都没兴趣的女孩,内心其实存在着一个丰富多彩的角落,有自己喜欢的人和事,有自己的愿望。如果父母能够将这个愿望挖掘出来,帮助孩子去实现它,或许就会成为孩子从自闭到开朗的一个转折点。

每一个在嘴上说不需要朋友的青春期女孩,其实最需要朋友来分享自己的心事,她可能只是因为在某段关系中受挫,暂时失去了信心而已。父母要做的,就是帮助她把信心找回来。

自闭虽然听起来很严重,但对青春期女孩来说,可能来得快去得也快。因为她们本身就有情绪易变的特点,加上青春期自闭发生的时间一般都不长,只要父母适当加以引导,通常可以帮助孩子找回交友的自信。

"我的事情我说了算!"——浇熄任性的小火苗

一位妈妈在家长论坛中诉说了自己在教育女儿时遇到的问题:"我的女儿今年11岁,上小学五年级,非常任性,成绩又不好,在班里差不多是倒数一二名了。放假的时候,她经常趴在沙发上看电视,大人跟她讲道理,她却爱答不理。看她这样的态度,说也说过,骂也骂过,但事后还是老样子。我现在真不知道该怎么办了,不知道是继续管教她,还是应该随她去?"

很多进入青春期的女孩,身体虽然在快速发育,但心理还远没有成熟。很多事情当她们做得不对时,父母希望帮她们改正过来,或者给她们提供一些正确的建议,但她们总是很不耐烦,不愿接受父母的意见。只要父母一开口,她们就立刻表现出一脸的反感:"我的事情,我自己做主就可以了!不要你们来管!"

那么,面对懂事不足、任性有余的青春期女孩,应该怎样引导呢?

方法一,让孩子为自己的行为买单。

孩子的行为所导致的结果对她自己也有强化作用:结果令人满意是正强化,孩子会继续这一行为;结果令人痛苦则是负强化,孩子会自发地改变这一行为。父母可以利用这一规律矫治孩子任性的毛病。

比如,孩子闹脾气不吃饭,父母就告诉她不好好吃饭就要刷碗,这就是负强化。又如,孩子不好好写作业,父母就告诉她坚持完成作业就奖励一次外出游玩,这就是正强化。

方法二,不要一味满足孩子的要求,要让她知道很多事情是有底线、有原则的。

12岁的瑶瑶,花钱越来越大手大脚了,总是让父母不断满足她的消费欲望。父母觉得有必要对瑶瑶做出一些限制。于是,他们制定了一些规则:每个月只给瑶瑶买一件玩具,只有考试成绩好才带她出去玩一次。起初瑶瑶非常不满意,但经过父母的循循善诱,她逐渐懂得了,一个人不能想要什么就有什么,很多东西要靠自己的努力才能得到。

与青春期女孩沟通时,"约法三章"是一个不错的选择。开始时,也许女孩接受这个条约有些困难,但只要父母和她一起坚守规矩,她就会处处约束自己的行为,努力做到不犯规。

青春期女孩的好胜心比较强,喜欢"听好话""戴高帽"。在孩子出现任性的初期,父母可以顺着夸奖她的某一长处,为孩子的"转变"找台阶下,或者使用反向激将法,说她"不会……不能……"孩子可能就会产生"我能……"的劲头,从而促使孩子脱离任性的情绪状态。

"我控制不了自己的情绪。"——不要沦为情绪的奴隶

以下是几种模拟情境，可以试着让孩子体会一下其中的感受：

情境1：星期一，你刚进教室就听到同学们七嘴八舌地议论刚结束的考试，大家都说这次考得不好。这时，班主任抱着考试的卷子走进教室。此时，你的情绪是？

情境2：放学回家吃完饭，你最爱看的电视节目开始了，于是，你一边吃饭一边看电视。妈妈见到后，立刻走过来把电视关掉，催促你赶紧吃饭，吃完饭还要写作业。此时，你的情绪是？

情境3：上课时，你正在认真听课，后座的同学向你借橡皮。当你转身递给她时，刚好被老师看见，老师狠狠地批评了你。此时，你的情绪是？

青春期本来是一段特殊的时期，情感变化明显，情绪波动大。倘若不对情绪加以控制、调整和管理，很容易沦为情绪的奴隶，被情绪牵着鼻子走，对生活和学习造成很大影响。

科学研究表明，积极健康的情绪是对人体有益的；而伤心、悲痛、愤怒、焦虑等消极情绪引起的生理变化，则会对人体带来负面影响。所以，父母要引导青少年了解情绪对于保护心理健康所起的重要作用，同时学会自我调节和控制情绪。下面介绍几种方法：

方法一，培养乐观的心态和宽容的情怀。

生活中经常会遇到这样的情形：面对同样的环境和困难下，不同的孩子情绪反应截然不同。那些积极向上、心态乐观的孩子，不因小事而忧心忡忡，遇到挫折与不幸也能勇敢地面对。有些孩子则表现出明显的负面情绪，经常为一些鸡毛蒜皮的小事而烦恼、怨恨、懊悔、忧虑，这往往与孩子不能正确认识和管理自己的情绪有关。所以，父母要引导青春期女孩培养乐观的心态，遇事不骄不躁，勇敢面对挫折和困难，学会排解压力。

方法二，热爱生活，培养兴趣。

青春期女孩正处于身心发展的重要时期，要注重培养对生活的兴趣和热情，积极参加活动，比如唱歌、绘画、跳舞等，让生活充实而富有乐趣，保持积极向上的情绪状态。

方法三，合理宣泄，适时疏导。

管理情绪不是一味地压抑自己的情绪，而是要学会疏导和释放情绪。在遇到烦恼和不顺心的事情时，千万不要刻意压抑自己，可以向父母、老师、同学、朋友倾诉，使情绪得到合理的释放。

家长课堂

与天真的孩童时代相比，青春期女孩开始尝试控制自己的情绪，尽管很多时候她们表现出来的状态仍然是情感外露、情绪起伏较大，但实际上已经在体验情感从外露向隐蔽的过渡了。基于这种特点，父母可以帮助青春期女孩调节和管理好情绪，以健康、轻松的心态度过青春期。

"她们都比我漂亮。"——悦纳自己才能拥抱快乐

一位家长向教育专家倾诉了自己的苦恼:"我的女儿今年上初中,她本来很活泼爱笑,但是现在不知道为什么变得比较羞涩。最近我发现她在做事前总问'我行吗',我才意识到,孩子羞涩是因为缺乏自信,见了人就畏畏缩缩,说话也没有底气……"

其实,这种现象在青春期女孩中并不少见,造成她们不自信的原因主要有几种:一是天性使然,平时性格比较内向,自尊心很强,但自信心不够;二是生理原因,比如有的女孩常常因为自己不够漂亮或者身材矮小、肥胖而苦恼;三是成人的负面评价,尤其是一些带有贬义的词汇,比如"饭桶""笨""蠢"等,都会严重挫伤孩子的自信心。

一旦孩子产生自卑感,很容易引发人际关系障碍,带来许多行为上的困扰。如果孩子长期被自卑感笼罩和控制,精神活动也会受到严重的束缚,从而影响聪明才智和创造能力。

对此,父母有必要帮助羞涩的孩子树立自信,以下两种方法可供参考:

方法一,将孩子打扮得体,并多赞美她。

小云今年上初二,因为穿着过分朴素,她总被同学嘲笑。她在课堂上回答老师提问总是低着头,声音很小,一副很害怕的样

子。后来，老师找小云谈话，经过老师耐心的开导，小云终于说出自己的"小秘密"：因为长得胖，她认为自己不值得打扮漂亮，有种"破罐子破摔"的心理。了解情况后，老师和小云的妈妈进行了沟通，认为应该帮助小云在外形上做出改变。周末，妈妈带小云去商场买了几件新衣服，鼓励小云穿上试试。小云换上漂亮的衣服之后，妈妈连声夸奖"真美"，小云羞涩地笑了。

很多青春期的女孩都和小云一样，会因为身体的变化而感到惶恐、敏感，别人不经意的一个眼神和一句话，都会给她们的心灵烙上自卑的印记。她们也想要成为众人关注的中心，但是由于自我压抑，越是想要美，越是不敢美；越是想要人关注，越是不敢被关注。对此，父母要更多地关注、赞赏孩子，弱化其自卑。有时候，一件得体、漂亮的衣服就能够在很大程度上提升孩子的自信。

方法二，让孩子多交朋友，与亲密的朋友说说"心里话"。

一位妈妈述说了自己的烦恼：女儿上小学时有一个好朋友，两人几乎无话不说，平时一起上学放学，其乐融融。可是，女儿升入初中，与原来的小伙伴分开后，没有以前开朗了，总是闷闷不乐、沉默寡言。有一天放学回家，女儿眼里带着泪花说别的同学都有玩伴，她却很孤单，没有朋友。妈妈建议她主动和同学分享一些有意思的事情，融入她们的圈子。但女儿说对她们讨论的东西不感兴趣，什么歌星、影星的八卦，她实在不愿意听。说着说着，女儿不禁流下泪来。妈妈也感到很困惑，不知道该怎样开导她。

青春期女孩很容易遇到这样的问题——和周围的同学格格不入。从熟悉的小学环境突然进入陌生的环境，心里难免有些别扭。这时的她们很需要有个"闺蜜"，相互说说心里话，但是，彼此观察和互相适应通常需要一段时间,不能急于一时。父母可以让孩子平时多参加学校组织的活动,从中找到志同道合的朋友。

通过与别人交流,孩子能更快地融入陌生的环境,锻炼自己的社交能力,逐渐建立起自信心。

自卑是成长路上的绊脚石。父母要告诉青春期的女孩:每个人身上都会有缺点和不足,只要懂得播撒自信的种子,强大自己的内心,就能驱散成长道路上的自卑阴影。对此,父母应适时鼓励孩子,给予她更多的认可,悦纳自己才能拥抱快乐。

"面对那么多人,我不知道怎么融入。"——敞开心扉拥抱青春

莉莉是一名初中女生,性格本来就内向的她,到新学校后更安静了。在班里,她挑了最后一排的角落坐,也从不和同学一起聊天、玩闹。有几个女生想找她玩,但每次都被她局促、敏感的样子吓跑了。她没有朋友,总是默默地看着别的同学在一起开心地玩耍。日子一天天地过去,莉莉感觉很孤独,她自己也很苦恼怎么才能融入她们……

青春期是由儿童向成人转变的过渡阶段,在这个阶段,有关自己和社会的各种信息纷至沓来,孩子需要不断地思考,最后确定自己的生活目标。在这个过程的一开始,她们往往不知道自己想干什么,能干什么,自己又是一个什么样的人。社会赋予孩子的角色一下子增多了:她们不仅要作为子女,还要当学生;面对同龄人,她们想成为被人接纳和喜爱的人;面对成人,她们希望得到尊重和信任。而在不同的环境中"扮演"好相应的角色,对她们来说并不轻松,可是她们又想表现得独立和成熟,于是一方面特别需要和别人探讨、交流,一方面又不愿意敞开心扉。

青春期女孩陷入孤独,如果持续时间太长可能导致心理方面的疾病。作为父母,要鼓励孩子交朋友,对她们的行为表示理解,并帮助她们排忧解难,从苦闷与孤独中解脱出来。

方法一,分解法。父母鼓励孩子通过记日记、画画、写字等方式来发

泄内心的苦闷和孤独感。这样她就可以把压力和孤独放在生活中，一、二、三、四……一旦写完，就会惊奇地发现，只要"毁灭一切"，这些所谓的压力和孤独就可以逐一解决。

方法二，释放法。心理学家相信哭可以缓解压力和孤独感。父母可以鼓励孩子，想哭就放心地哭出来，哭能缓解压力与孤独，哭过后心情往往会变好。

方法三，多读书。父母鼓励孩子多读书，同时自己也要以身作则。心情不好的时候多读书，思想就会变得更开明，烦恼、孤独和悲伤都会消失殆尽。

方法四，穿上喜欢的旧衣服。穿上一条普通的旧裤子，然后套上一件宽松的衬衫，心理压力和孤独感往往会减少。

著名思想家培根曾说："没有真挚朋友的人，是真正孤独的人。"青春期女孩虽然渴望有自己的"小世界"，但更希望自己身边有很多朋友。所以，父母应该鼓励孩子和他人分享忧愁与快乐，同时主动与孩子做朋友，鼓励孩子把内心的困惑讲出来，也许有些话不合理，但是也不要批评孩子，而应该积极与孩子讨论解决的办法。倾听、理解和支持，是每一个青春期女孩所需要的最好的陪伴。

家长课堂

对于不愿敞开心扉的女孩，父母可以找出她身上的"闪光点"，并以此赞扬和激励她，让孩子逐渐产生信心。父母也要创造一些接触外界的机会，随着孩子社会生活经验的丰富和独立思考的深入，她也会变得乐于与人交流。

"我讨厌她,因为老师总夸她。"——嫉妒是自己瞧不起自己

眼看植树节就要到了,为了让这个植树节更有意义,爸爸准备带萧萧去郊外植树。萧萧知道后十分兴奋,但当爸爸建议"邀请你最好的朋友——你的同桌——一块去"时,萧萧的笑容却凝固住了。她很不耐烦地说:"我才不想跟她一块去,我现在很讨厌她!"爸爸很纳闷:"你们关系不是很好吗?是不是闹矛盾了?"萧萧不屑一顾地说:"我才不跟她吵架呢,谁会跟那种人吵架?"说完,她又轻声嘀咕了两句:"她有什么好?老师怎么总在表扬她啊?"爸爸这下听明白了,原来是萧萧的嫉妒心在作怪。

很多父母都会发现这样一个现象,进入青春期的女孩,看到别人比自己优秀,她们除了脸上露出不高兴的表情,还会刻意远离对方。之所以如此,主要是因为她们的自我意识在迅速膨胀,渴望得到外界的关注,希望自己尽可能多地当"主角"。而别人身上的优点一旦被放大,掩盖了她们的光芒,她们就会因此恼怒,甚至产生嫉妒心理。

嫉妒是人之常情,但严重时它会吞噬一个人的理智。那么,父母如何才能让孩子的心胸变得宽广一些呢?

方法一,让孩子明白"寸有所长,尺有所短",不拿自己的缺点和别人

的优点相比较。

> 一位父亲对嫉妒心强的女儿说了这样一段话：
> "天下没有两片完全相同的树叶，每个人都有自己的特点。首先，要认清自己的优缺点，悦纳自己。其次，不要用自己的短处和别人的长处相比较，这样只会让自己的自尊心受到挫败；当然也不要用自己的长处去比别人的短处，否则容易使自己滋生骄傲情绪。其实，和别人相处，不一定要比较，取长补短是最好的。这样既能让自己不断进步，又不会导致嫉妒心理的产生。"

大多数父母心中都住着一个"别人家的孩子"，与其拿孩子和其他人比，不如让孩子与自身做一个比较。成长的动力本就不是由别人提供的，有了内在动力，才能成为更好的自己。因此，父母平时必须严格控制自己的言行，要给孩子做出榜样。

方法二，让孩子知道嫉妒会破坏她和朋友之间的友谊。

> 琦琦最近看谁都不顺眼，朋友也少了很多。她为此很伤心，向妈妈求助。妈妈对她说："你喜欢自己的光芒能够盖过别人，但这是毫无意义的追求。在学习上，你争先是好事，但是和朋友相处的时候，你因为朋友哪里比你强，就马上疏远她，这样做的后果就是让自己越来越孤独。每个人都有自己的优点，你要学会欣赏别人，为别人喝彩，并且让自己也变得越来越优秀。"琦琦听了妈妈的话，终于意识到了自己的问题。

如果孩子无法理解父母的劝告，不妨先让孩子吃一点亏，对事情的体验会更深。她只有亲身经历，才能彻底明白这个道理，进而做出改进。

家长课堂

　　对于嫉妒心强的女孩,父母要让她明白:嫉妒不能使人进步,反而会因情绪而蒙蔽自己的双眼,阻碍自己的进步。与其嫉妒别人,不如将它当做自己前进的动力。当自己比别人做得更好的时候,就没有必要再嫉妒别人了。

"我很爱哭鼻子。"——做内心强大的自己

佳佳正准备换舞蹈服上舞蹈课,突然发现新买的舞鞋丢了,她连忙打电话给妈妈。她打电话时一直在哭,对于妈妈说的解决办法一句也没听进去,还引来了很多人"围观"。妈妈觉得佳佳太脆弱、太爱哭了,决定晚上和她谈一谈。然而,佳佳满不在乎地说:"哭鼻子有什么大不了的,遇到事情都没人帮我。"妈妈听完更担心了,难道以后遇到事情佳佳也只会哭吗?

青春期女孩爱哭,是因为她们此时的身体变化巨大,而心理承受能力相对较小,因此需要将心灵无法承担的压力释放一部分。这种发泄可以调节情绪,但如果总是通过哭来逃避问题或发泄情绪,女孩就很难坚强起来。

要想帮助青春期女孩克服爱哭的毛病,变得坚强起来,父母的作用很关键。具体可参考以下几点:

方法一,弄清楚孩子哭泣的原因。最好的方式是耐心听女孩诉说,并不需要很多的安慰。哪怕孩子只是为了引起父母的注意,装可怜,父母也要有"倾听孩子心声"的意识。这是一个态度问题。

方法二,不要在孩子哭泣时责备她。古代有"七不责"之说,就是说在七种情况下,我们不要责备孩子,其中一种就是"悲忧不责"。具体来说,当孩子因为悲伤、忧愁、惭愧而哭泣时,不要责备她,因为责备她就等于不理解她,只会使她哭得更加伤心。所以,当孩子哭泣时,父母要去

安慰她、开导她,对她表示理解、关心和同情,用爱缓解她的悲伤。

　　方法三,教会孩子解决问题的方法,改掉爱哭的毛病。哭泣虽然是一种权利,但是太爱哭就不好了。如果孩子特别爱哭,说明她潜意识里觉得自己很娇贵,要用哭的方式来引起周围人对她的重视。父母可以想想平时是不是太过于保护她,娇惯她。如果是这样,父母需要做的不是阻止孩子哭泣,也不是给她讲"哭泣是懦弱的表现""哭泣解决不了问题"的道理,而要鼓励她去探索,创造机会让她去做力所能及的事情,不去理会她的撒娇行为。这样一来,她便不觉得自己娇贵了,意志力也坚强了,自然就不会随随便便哭泣了。

　　父母要让孩子明白,即使是一个外表柔弱的女生,她的内心也可以很强大。而变强大的第一步,就是遇事要先思考解决方法,而不是直接用哭去面对。

　　青春期女孩内心敏感脆弱,很容易因为小事而哭泣,父母对此不必过于介怀,重要的是教给孩子解决问题的方法,让她坚强起来。如果孩子当时排斥父母的安慰,可以暂时离开她,但是要让她知道,你就在她身边,无论什么时候她需要帮助,你就出现在她面前。

"我的世界是灰色的。"——好心态成就一生

某重点中学的一位初三女生,在邮件中向心理医生倾诉了自己的苦恼:"还有不到半年时间就要中考了,我突然对自己很没有信心,觉得撑不下去了。我们学校尖子生很多,本来考试的压力就够大了,爸妈还一直给我施加压力,每天都询问我的学习情况、模拟考试成绩,还说必须要考个好高中。他们为什么不替我想想我的压力有多大呢?现在我每天除了看书就是做题,很害怕自己考不上理想的高中,害怕看见父母失望的表情。"

美国一位心理学家说:"适当的压力有助于提高孩子学习的动力,但是,过度的压力则会使孩子身心俱疲,反而降低学习效果。"

有研究表明,大多数中学生都有讨厌上课、考试焦虑、青春期烦恼等心理问题,也有不少孩子存在任性、性格孤僻的问题。要想帮助青春期女孩克服心理压力,父母的作用很关键,具体可参考以下几点:

方法一,不要给孩子施加太多的学习压力。

小希从小学到初中的学习成绩一直很好,年年被评为"三好

学生"。升入高中以后，父母更是对她寄予厚望，要求她一定要考清华、北大。这给小希带来了很大的压力。高考前一个星期，小希心理非常紧张，每天都失眠，结果在考试前一天生了一场大病，错过了重要的高考。

小希的失利让人感到可惜，但造成这个不良后果的正是她的父母。父母关注孩子的学习并没有错，但过度关注会使孩子更加紧张，压力也更大，甚至产生逆反心理，变得厌恶学习。所以，父母要注意给孩子一些自由，让她放松身心，快乐地学习和生活。

方法二，帮助孩子找到情绪宣泄的"窗口"。

林女士的女儿梦梦正读初三，在学校里人缘很好。这要得益于林女士一直在帮助梦梦寻找宣泄情绪的"窗口"。梦梦家在火车站附近，每当梦梦心烦意乱或是感到有压力时，林女士就让她到阳台上对着疾驰而过的火车大喊几声，把心里的烦躁发泄一空。

林女士的教育经验很值得借鉴，当孩子觉得压力大时，父母可以让她在空房间或空地高喊出心中的不快。另外，旅游、唱歌、聊天、写日记、大哭等，都是青春期女孩缓解心理压力的好方法。

方法三，对孩子可能正在经历的感受进行简短评述。

比如说："那一定非常令人沮丧。""你当时一定觉得这对你不公平。"这样做表明父母理解孩子的感受是什么，更重要的是，这表明父母在乎她，使她得到了倾听、感到被理解，这些都会使她感受到来自父母的支持。这对正在经受压力的孩子来说尤为重要。

适当的压力可以激励孩子积极向上，但压力太大则会使孩子的身心无法承受，从而出现心理问题。父母一定要加以重视，平时抽出时间和孩子面对面地交流，认真听她说话。另外，父母要从孩子的实际情况出发，给孩子设立合理目标，在指导孩子有效学习的同时也要注意劳逸结合。

"我不善于表达,所以我很孤独。"——适当的内向并非坏事

周女士发现女儿最近变得非常内向,不爱外出,不爱与任何人交谈。大部分的时间,她好像在思索着什么,但问她在想什么,她又总是摇摇头,不想告诉父母。每次看到女儿的同龄人在外面结伴玩耍,周女士都不禁为内向的女儿感到担心。

想必不少家长都会遇到和周女士一样的困扰,孩子进入青春期后,总是"大门不出、二门不迈",见到人也很少主动说话。很多家长因此十分焦虑,不断催促孩子去参加更多的社交活动。

其实,这种担心没什么必要。进入青春期之后,女孩身体上的变化使得她们更增添了一丝娇羞和内向。而心理上的变化,比如对异性朦胧的好感等,也会让她们看上去有些羞怯。另一方面,女孩进入青春期后,会接收到大量新的信息,需要一定的时间和空间来整理、消化。这些都有可能造成女孩在青春期表现出内向的一面。

当然,父母也要留意孩子是否过于内向,帮助她改善一些。

方法一,性心理教育必不可少。

专门研究青春期的医生认为,女孩本身情感丰富、脆弱,科学的性心理教育对于塑造健康的人格是不可缺少的。青春期女孩的性心理尚不成熟,可塑性很大,若引导不当,任其自行发展,很可能出现两种不良倾向:一

是受性本能、性心理的驱使，出于无知和好奇，过早地进行性体验。二是认为性心理是丑恶的，产生强烈的羞耻感和罪恶感，变得不愿与人接触，性格趋于内向，严重者会导致闭锁心理，直接影响日后与异性的正常社会交往，甚至妨碍婚姻生活。

对此，父母有必要向孩子传授一些性知识，还要从心理上尽可能消除性发育给孩子带来的压力。一旦孩子的压力得到缓解，就会渐渐地走出内向。

方法二，鼓励孩子经常将自己的想法表达出来。

小君最近很喜欢独自思考事情。爸爸觉得她这样稳重的性格挺好，不像有些青春期女孩，情绪波动很大，还很喜欢表露出来。妈妈却觉得小君这样好的一面是她的思维会因此变得灵活、敏锐；不好的一面则是她的交际圈可能会越来越窄，表达能力也会越来越差。

后来，妈妈在家里设定了一个"15分钟抢先表达"的小游戏。每天晚上吃过晚饭后，一家三口围坐在一起，抢着讲述自己白天遇到的好玩的事情，或者说说自己对时事的看法。最先抢到的人，可以一直说自己的所见所闻；另外两个人则要配合他，也说出自己对这件事的看法。

这个游戏仅仅进行了一周，小君就发现了其中的乐趣——自己的想法可以传达给别人，还能和别人一起探讨自己的思想成果。慢慢地，她越来越喜欢和别人交流，还在班里结交了好几个"志同道合"的朋友。

相对男孩来说，女孩的口头表达能力、交际亲和力要更好一些，父母可以利用这两个特点，鼓励内向的女孩多和别人交流。当孩子从中尝到了分享、交流的乐趣，就会从自己的世界中走出来，渐渐变得开朗起来。

适当的内向并非坏事,它能让孩子有更多的时间去思考、观察,让孩子的思维得到发展,促使孩子尽快成熟起来。因此,父母也要避免矫枉过正,稍微保留一些孩子的独立思考空间,让她尽可能丰富自己的内心世界。

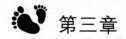 第三章

开朗积极,让青春与阳光同行

——给青春期女孩的性格引导

青春期是人生中最美好的时光,但也正是在这个阶段,女孩的很多性格弱点渐渐暴露出来:"我很孤独""我不善表达""我太急躁""我遇事优柔寡断""我对人不够宽容""我胆子太小"……父母应该帮助女孩克服以上性格弱点,培养其乐观、积极的性格,让她的青春充满阳光,绽放最美的笑容。

"我感觉自己不快乐。"——笑容有助于性格塑造

在雅安地震中,一个受伤的小女孩头上裹着一层厚厚的纱布,衣服上沾满了血污,她那瘦小的身躯看起来弱不禁风。像她这么大的孩子,通常会在突如其来的地震中惊慌失措、号啕大哭,但她面对帮助自己的交警,始终保持着淡淡的微笑:"叔叔,我没事!我不哭,我很坚强的。"正是这温暖的微笑,让救助她的交警为之动容,让全国 3 万余名网友表达了真诚的赞美,让感慨不幸的人们感受到了温暖和坚强。

微笑的女孩更有魅力,经常微笑的女孩更容易成功。十九世纪美国著名的盲聋女作家、教育家海伦·凯勒曾说过这样一句话:"我不美丽,也不健康,但我可以给别人带来快乐,因为我在微笑。"

不过,青春期女孩比较敏感多疑,很多无关紧要的小事都会让她们的笑容消失。对此,父母应该适当进行引导,让她们用微笑面对世界。

方法一,让孩子领略笑容的神奇力量。

在日常生活中,父母要引导女孩时常微笑,把笑容送给邻居阿姨,把笑容送给商店的收银员,把笑容送给同桌,把笑容送给老师……当女孩习惯把笑容送给别人时,就会感受到笑容的神奇力量。因为微笑虽然是一个很简单的动作——两边嘴角上扬,但它却是一种令人感觉愉快的面部表情,能拉近与他人之间的距离。

一个女孩在日记中谈到了自己的感受:

> "我对同学微笑,同学还给我一个微笑,我们的关系更融洽;我对老师微笑,老师的表情不再严肃,赞赏地看着我;我对邻居阿姨微笑,她不再像从前那样冷漠,而是亲切地与我交谈……我学着把微笑送给身边的每一个人,我的父母、老师、同学、邻居,甚至偶然遇见的陌生人。我发现微笑带给我太多美好的东西,这里面有喜悦、鼓励、称赞、尊重、信任、友好,当然也包含自责和歉意,这所有的一切都是微笑赐予我的,它让我更加自信、乐观,让我对生活充满热爱和期待。"

方法二,教会孩子豁达、乐观地面对生活。

很多女孩从小受父母百般呵护,长大后遇到一点挫折,就会产生很强的挫败感。父母不妨用现实中的例子引导女孩,生活中总会遇到挫折或失败,若能以乐观、自信的态度去面对,那么所有的遭遇都会变成她成长的"加油站"。

下面是一位母亲的经验:

> "我女儿总是对生活有不必要的担忧,遇事也不自信。为了让她乐观起来,我给她讲了邻居家女孩的事情。邻居家的女孩小学时遭遇过一次车祸,现在走起路来一瘸一拐的,但是她非常乐观,脸上总是洋溢着暖人的笑容,只要有她在的地方,总能听到大家欢快的笑声。而且这个女孩学习成绩优异,钢琴弹得很好,还是班长,在班上很有威信。女儿听了很崇拜这个姐姐,我就经常带她过去串门,后来她们还成了好朋友,周末经常在一起学习。慢慢地,我发现女儿越来越乐观,脸上总是挂着微笑。"

唯有真诚的微笑才能为女孩加分,让别人发自内心地感到愉悦。因此,父母要教会女孩用真诚的微笑去打动人,用最真诚的心去笑对生活。

家长课堂

微笑可以架起女孩与人沟通的桥梁，可以协调女孩与他人之间的关系，还可以塑造女孩乐观向上的性格。所以女孩进入青春期以后，父母要注重培养她乐观的性格，因为生活是一面镜子，微笑是面对生活最好的样子。

"我胆子很小。"——树立自信才能战胜胆怯

胆怯是一种普遍的心理现象,在青春期女孩中更为常见。有的女孩因胆怯而自卑,并走向自我封闭,给人际交往带来了很大困扰,影响了正常的学习与生活。

某学校心理咨询室经常遇到这样的青春期女孩:"我时常为胆怯而苦恼,与陌生人或异性同学说话时总是面红耳赤、词不达意,觉得自己很丢脸……""我在路上特别怕碰见老师,害怕与老师打招呼,情愿绕道走;课堂上老师提问时,尽管知道答案,我却不敢回答,在公共场合也不敢发言。""我平时学习不错,但是一到考试就怯场,发挥不好,所以我一直都很恐惧考试。"

当青春期女孩因胆怯而烦恼时,父母应该怎么做呢?

方法一,不要一味地鼓励勇敢,而要鼓励孩子做出勇敢的行为。

如果女孩胆小、怯懦,父母不要一味地鼓励孩子勇敢,而要把焦点放在教孩子做出勇敢的行为上。比如,有的女孩害怕在全班同学面前讲话,担心讲错被别人笑话。对此,父母可以鼓励她先做小小的尝试,在家庭、朋友圈这种小范围内讲话,然后再慢慢地扩大范围,在班集体中讲话。同时告诉孩子,讲错没有关系,我们就是在不断地犯错、纠错中取得进步的。再说,她还没有去尝试,怎么知道自己不会讲得比别人更

好呢。

方法二，为孩子提供更多表现自我的机会。

胆怯的人，实际上是用虚幻的心理感受或情境来吓唬自己。比如在上台演讲前、考试前，幻想出许多意外状况而产生胆怯心理。要想帮助女孩克服胆怯，最重要的是帮助她迈出第一步，让她发现自己的"亮点"所在，从中找到自信。比如，介绍女孩与陌生的客人认识并交流，为女孩报名参加一些兴趣竞赛……女孩会在锻炼中逐渐发现自己的优点，提升相关能力，从而战胜胆怯心理。

方法三，让孩子说出自己内心的胆怯，以缓解甚至消除心理障碍。

父母要提醒女孩，当心里产生胆怯、恐惧、紧张时，不要藏在心里，可以向家人、朋友诉说，让紧张情绪得到缓解。

也许青春期女孩不愿意当面与父母交流，对此，父母可以借鉴一位班主任写给一个胆小女孩的信：

"你是个性格内向的女孩，在教室里，你很不显眼。一年来，你作为班级的图书管理员，为班级做了很多工作。每次班级有打扫任务，都少不了你积极劳动的身影。很喜欢你认真写字的样子，人漂亮，字也漂亮，但老师却不是经常能看到，因为老师让大家去黑板展示粉笔字时，多数时候你都不举手。你应该大胆地展示自己！你的学习成绩早已引起了老师的关注，老师对你寄予了厚望。老师希望你上课多发言，主动向老师提问，而不只是埋头苦学。现在你已经是一个大女孩了，应该更勇敢乐观，老师希望能在新的一年里看到一个奋进、争先的你。"

这位老师在信中提到了女孩的优点，也提到了她做事胆小的缺点，并鼓励她更加努力，争取更好的成绩。父母不妨借鉴此法，用孩子易于接受的方式指出孩子的不足，帮助她克服胆怯。

家长课堂

青春期女孩因胆怯而困惑时,父母要"蹲"下来与孩子平等交流,告诉她战胜胆怯不要急于一时,要循序渐进、由易到难,创造机会锻炼自己,相信自己并不比别人差,这样就一定最终能战胜自己,充分展现自我。

"我想和她们一起玩。"——融入集体也是一种成长

集体生活是青春期女孩学习生活的一个重要组成部分,但有的女孩却不喜欢参加集体活动。下面是一位妈妈的困惑:

"女儿从小就不喜欢参加集体活动,她上初中后,这种情况更加严重了。有一次,学校邀请家长观看元旦晚会,我发现班里女生排练了一支舞蹈,就她一人没参加。我向老师询问,老师说她自己不愿意参加,找她谈了几次都没用。当别的女孩都在跳舞时,她就一个人在角落里低头看书。我很难过,回家后我问她,她说她不想跳,觉得跳舞简直是'丢人现眼'。我听了非常震惊,不知道她为什么会有这种想法。"

如果遇到案例中的这种情况,父母应该如何引导女孩融入集体呢?

方法一,让孩子了解参加集体活动的好处。

父母要让女孩明白,个体不能脱离集体而生活,集体也会因个体的独特而大放异彩。参加集体活动,不仅可以使每个成员提升学习的主动性,而且可以让大家在集体中互相帮助、互相鼓励,共同提升学习成绩。比如参加歌咏比赛、拔河比赛、接力赛等,不仅可以给女孩提供展示才能的舞台,还可以锻炼组织管理能力、社会交往能力、团队协作能力、创新能力

等。父母可以鼓励女孩尝试着参加集体活动，当她从中尝到了甜头，以后就会积极主动地参加。

方法二，协助孩子参与集体生活，改变她参加集体活动的态度。

有的女孩不喜欢参加集体活动，这是与父母的教育方式、家庭环境有着密不可分的关系。家庭不和谐、父母冷漠消极，或者经常打击女孩的信心，都会让女孩对集体活动产生恐惧。

晓丽是一名初二的女生，她学习认真、勤奋，平时少言寡语。每次班里筹备艺术节，都不见她的踪影。班主任在图书馆找到她，鼓励她多参加集体活动，但她却拒绝道："我除了努力学习，什么都比不上别人，同学们也不喜欢我。"老师很纳闷，晓丽不仅内向，怎么还这么自卑呢？

后来，班主任通过家访了解到，晓丽的父母一直在外打工，她从小跟爷爷奶奶生活在一起。晓丽认为："因为我是个女孩，爸爸妈妈只把弟弟带在身边，家里人都不喜欢我，我是个没人要的孩子。"晓丽这种消极、自卑的心态，根源在于家庭，需要她的家人配合共同引导。

由此可见，父母要给孩子足够的爱和关心，让她觉得自己是重要的、喜欢的，她才愿意展示自己。为此，父母要营造温馨和谐的家庭气氛，和孩子一起积极参与集体活动，以实际行动来引导女孩。

方法三，帮助孩子发现自己的优点，让她对集体活动充满信心。

学会接纳自己，信心十足地生活是非常自由和快乐的事情。父母要引导女孩正确认识和评价自己，发挥自己的特长积极参加集体活动，从中体验合作的快乐。这些经历会给女孩展示自己的机会，让她体会到因自身努力而获得成功的喜悦，从而激发其自信心。

 **家长课堂**

多参加集体活动,有利于培养青春期女孩的人际交往能力,也能使其在活动中得到锻炼,养成开朗乐观的性格。所以,父母要引导女孩积极参加集体活动,获得更多成功的机会,体验集体合作的愉悦,分享集体成功的快乐,同时收获智慧。

"能不能快一点？"——耐心是克服急躁的良药

性情急躁的人做事容易急于求成，又缺乏耐心，常常会造成"忙中生乱"或"欲速则不达"的不良后果。对于青春期女孩来说，急躁主要表现在学习经常有头无尾，半途而废。因此，经常有父母向心理专家求助：

"我女儿今年刚12岁，性格有些急躁，一碰到不顺心的事情，马上就发脾气。比如说想找什么东西却找不到，就暴躁不安；有时看见别人学习效率高，她心里很着急，越是想要超过对方，就越难静下心来学习。结果要么半途而废，要么成绩更不理想。我该怎样改变女儿急躁的个性呢？"

随着青春期的到来，女孩的独立意识开始膨胀，很多女孩认为自己有能力去实现目标，但现实又使她们不得不依赖父母，导致她们做起事情来总是缺乏耐心，常常急功近利，容易急躁。遇到这种情况，父母应该怎么做呢？

方法一，帮助孩子分析做事浮躁的原因。

首先应该弄清楚孩子产生急躁情绪的原因，是能力有限、时间紧迫、争强好胜，还是父母自身就比较急躁？如果教育孩子的时候急于求成，那么在一定程度上也影响了孩子。

方法二，要求孩子做事有始有终。

青春期的女孩对未来、对生活充满激情，但是一旦某件事做不好，她们立即就会产生挫败感和浮躁情绪，以致最后不了了之。

所以，父母要让孩子在学习和生活中养成有始有终的习惯，比如整理完房间才能出门玩，做完数学作业才能进行体育锻炼。踏踏实实地做好每一件事，一次做不成就一点一点分开做，积少成多，累积到最后即可达到目标。

14岁的倩倩刚上初二，她有很多远大的目标，但做起事情来却很浮躁，总是做着这件想着那件，以致很多事情都做不好。这让她产生了挫败感，变得更加急躁了。为了帮助她改掉这个毛病，妈妈要求她每次只认真地做一件事情，并把这件事情做到最完美的状态。一段时间之后，倩倩渐渐养成了习惯，做事认真、沉稳，整个人也乐观、积极了很多。

当孩子能够有始有终地把每一件事做好后，便会成就感倍增，最终重新找回自信。

 家长课堂

急躁的性格很可能会阻碍女孩的健康发展，因此，父母一定要及时帮忙纠正。性情急躁的孩子往往有理想、有追求，想做很多事情，却不知道从何下手。对此，家长可以引导孩子为自己的目标制定计划并且认真执行。在孩子每次行动之前，要让孩子养成思考的习惯，慢慢改掉浮躁的毛病。

"我不知道怎么做才好。"——优柔寡断只会错失良机

夏女士的女儿今年16岁,平时很乖巧听话。但是,夏女士也有一些不安,因为女儿凡事都对父母言听计从,从来没有自己的主见,性格优柔寡断。

一个人有没有主见,有的是天性使然,有的则是受后天教育的影响。有的女孩天生比较随和,愿意接受别人的意见,在不触及底线的情况下,顺其自然会让她们感觉更舒服。这种个性未必不好,如果父母强行要求她改变个性,恰恰可能违背了她的意愿。除了上述情况,大部分青春期女孩没有主见,都与父母的教育密切相关。

通常来说,女孩优柔寡断的原因主要有三个:一是父母习惯为女孩安排好一切,造成了女孩唯命是从的性格;二是女孩的模仿性很强,容易在言行举止方面盲目跟从;三是父母很忙,没有时间跟女儿交流,代沟越来越深,有畏惧心理的女孩更加不敢表达内心真实的想法。

青春期是女孩性格形成的关键时期,做事是否果断,实际上是智慧和才能的体现,也是未来能否取得成功的关键。因此,当父母发现孩子没有主见时,应该帮助她提高决断能力,从而把握人生机遇。

方法一,在孩子优柔寡断的时候,应想办法让她当机立断。

一位母亲分享了她的教育经验:

"我的女儿15岁，做事常常没有主见，犹豫不决。有一次，我带她去商场买衣服，她挑来挑去，半天过去了，她还没有选好一件，让我给她拿主意。

"回家后，我告诉她：'以后有很多事情是你必须亲自解决的。你今天不想面对，但是明天它还是会在原地等你去面对。'后来，我经常会给女儿制造一些机会，鼓励她自己做主。渐渐地，女儿做事越来越果断了。"

当女孩做事优柔寡断，总是向父母征求意见时，不要马上给出建议，而应引导她自己做主。哪怕她的决定没有多少价值，也要先给予鼓励，再帮助她完善。长此以往，女孩就会逐渐改掉优柔寡断的性格。

方法二，对孩子的要求应具体、明确。

读高一的肖艳一直很烦恼，因为她每次出门，妈妈都会反复叮嘱她"早点回来"，回家稍晚一些，妈妈就很着急。有一次，她和同学约好去书店买书，妈妈照例又叮嘱一番，她对妈妈说："妈妈，你总是让我早点回来，可我不知道什么时候回来合适，所以我心里总惦记着早点回家，每次都玩不好。"妈妈没想到自己的牵挂竟然变成了女儿的负担，她意识到自己的教育方式出了问题。后来肖艳再出去玩，妈妈都会跟她说好一个具体的回家时间，这样妈妈就不用担心了，而肖艳也能开心地玩。

父母笼统的要求、叮嘱，常常会让孩子感到无所适从，拿不定主意，所以要求要说得明确、具体一些，尽量让孩子明白事情该怎么做。

方法三，给孩子一点"犹豫"的时间。

孩子做选择的时候，父母最好不要催个不停，或者干脆替孩子做决定，这会打击孩子的积极性。正确的做法是给孩子充分的时间进行考虑，相信她会做出正确的决定，由此，父母的信任也将转化为孩子的自信。

 **家长课堂**

生活中,很多青春期女孩没有主见,是因为从小就被父母告知"要乖,要听话",所有事情父母都会帮她们安排好,于是她们也就放弃了自己决断的权利。对此,父母需要自我调整,引导孩子孩子大胆表达自己的想法,为自己的事情做决定。

"她应该向我道歉！"——宽容大度是做人的美德

宽容是一种美德。宽容别人，可以收获一份尊重、一份鼓励、一份浓浓的爱，这种爱"春风化雨，润物无声"。宽容也是一盏绿灯，可以帮助我们在学习和生活中畅通无阻。但是，不少青春期女孩却做不到宽容。

有个女孩给心理热线写信诉说自己的苦恼：

"我曾经是一个很快乐的女孩，有许多好朋友，可是，我慢慢发现这些所谓的好朋友并没有真心对我。比如我最好的朋友，她人很好，我俩都是班干部，每当她在工作中遇到问题，我都会帮助她。可是后来我发现，她只有在需要我帮忙时才对我热情，其他情况下她总是和别人在一起。我终于明白她根本没把我当真正的朋友，我心里很难过，跟她吵了一架。我觉得，如果是我的错，我一定道歉；这次不是我的错，我要等着她来道歉……"

当女孩出现上述心理困惑时，父母应怎样帮助她打开心结呢？

方法一，引导孩子学会换位思考。

心理研究发现，人际交往中的许多冲突，常常难以分出是非对错，大都是缺乏换位思考导致的摩擦。所以，在人际交往中遇到问题时，父母要引导女孩设身处地从对方所处的位置、角色、情境去思考和处理，克服以自我为中心，从而看淡交往中的得失。同时让女孩明白，无论谁对谁错，主动道歉、化解矛盾才是最重要的，才能体现自己的博大胸怀。

方法二，为孩子树立榜样。

孩子的宽容之心主要来源于父母。父母宽容大度，遇事不斤斤计较，与邻里、同事相处融洽，孩子也会学习父母待人接物的方式，与他人友好相处。父母要让女孩知道，宽容别人、不挑剔别人的言行举止，才能与人建立良好的人际关系。

方法三，引导孩子客观评价自己和他人。

和同学相交，与朋友相处，不能求全责备。对于朋友的缺点和不足，对于同学心情不好时所说的话和所做的事，不要斤斤计较。多原谅一次别人，多给别人一次宽容和理解，也会给自己一个好心境，让自己在个性完善的道路上向前迈进一步。

方法四，让孩子多与同伴交往。

宽容之心是在交往活动中培养起来的。孩子只有与人交往，才会发现每个人都有缺点，都会犯错，只有学会容忍别人的缺点和错误，才能与人友好相处，进而体会到宽容的意义和快乐。

在孩子与同伴交往的过程中，父母要特别注意引导孩子，不嫉妒比自己强的同伴，不嘲弄比自己"弱"的同伴，不故意为难自己的竞争对手；要主动向好的同伴学习，帮助"差"的同伴，并学会与竞争对手合作。

宽容不仅体现在对"人"的态度上，也表现在对"事物"的态度上。父母要引导孩子见识各种事物，并乐意接受新事物，面对事物的各种变化，善于知变和应变，如让孩子了解各种奇观、奇迹，观察生活日新月异的变化，允许孩子独辟蹊径地解决问题。孩子一旦习惯了"纳新"和"应变"，对世间的万事万物也就具备了宽容之心。

"我不敢当着那么多人说话。"——做人要勇于表现自己

在日常生活中,我们经常听到有些家长抱怨孩子表达能力差:

"我女儿今年12岁,从小就'话多',但她总是说不到点子上,听她讲话仿佛坠入云里雾里。"

"我女儿小时候整天叽叽喳喳,特别爱说话,可一进入青春期,她反而文静起来,什么话都不爱说了。"

"我女儿虽然很爱说,但是说出来的话却干巴巴的,如同白开水一样,让人根本提不起听她讲话的兴趣。"

女孩的语言能力发展较早,但是进入青春期后,性别意识的萌发会让女孩变得胆小、害羞,语言表达能力也会变弱。而语言表达能力差,会让她们产生很大的挫败感,从而开始怀疑自己。

遇到这种情况,父母要引导女孩相信自己,积极锻炼语言表达能力。

方法一,父母要为孩子做出榜样。

如果父母能多读书、多和人交流,尤其是和那些有智慧、有思想、语言表达能力强的人交流,女孩也会受到感染。所以,父母要做好榜样,有意识地在孩子面前谈天说地,在与孩子愉快交流的同时,引导孩子直率地表达自己的想法。当女孩清楚、利索地表达时,父母要注意倾听,关注她的内心想法,帮助女孩树立信心,这样才能在日常交流中提高她的表达

能力。

方法二，重视孩子的表达能力训练。

在日常生活中，父母要通过一些技巧去训练孩子的表达能力。比如角色扮演法，让孩子挑选喜欢的故事或名著，去扮演自己喜欢的角色。对于孩子即兴的表达，千万不要因为她说错了而急于纠正或者责怪。在父母的引导下，女孩可以重复练习，在无形中学会倾听、表达的技巧。

方法三，借助生活创设情境。

父母可以随时创设情境来鼓励女孩多表达，比如："有一天，你放学回家，突然看见一位小弟弟想抄近路，翻越了学校的绿化带，这时，你该如何进行劝说？"设计符合孩子生活实际的各种情境，调动生活感知和生活经验，使孩子在交际中说得具体，说得真实，说得有趣，从而培养孩子的表达能力。

方法四，锻炼孩子当众说话的胆量和勇气。

青春期女孩不敢表达是因为缺乏勇气，父母可以带她去一些公共场合，鼓励她和商店的服务员、带孩子的阿姨主动说话。时间久了，孩子自然就不羞怯了，也敢于表达了。

很多青春期女孩本来语言表达能力不错，但因为胆小、敏感，一到公共场合就"蔫了"。对此，父母应锻炼孩子当众说话的胆量。这是一个缓慢渐进的过程，不可急于求成，以免给孩子造成太大的心理压力。

"我也不会让她好过的。"——将报复的心态扼杀在摇篮里

一位苦恼的妈妈向专家求教说:

"自从女儿进入青春期后,总感觉她很不听话。很多坏习惯都要我重复说好几次才改,从不把大人的话放在心上。有时我生气就会呵斥她,她竟然摔门而出,嘴里还嚷道:'看着吧,我早晚会离家出走的。你现在这样呵斥我,我长大了也不会管你的。'这让我十分心寒,女儿是不是因为挨骂而产生了报复心理?我应该怎样改变女儿的心态,让她理解妈妈的做法?"

报复心理是一种不健康的心理状态,有些青春期女孩之所以会产生强烈的"逆反心理"和"报复心理",从自身因素来看,是因为还没有形成正确的价值观,对外界事物的判断还非常片面和稚嫩,严重以自我为中心。另外还与家庭环境和教育方式方法不当有关。很多家长从小对孩子百般呵护,孩子进入青春期后就觉得不需要像对待小孩子那样关心了,缺乏对孩子的深入了解、耐心倾听、平等交流、尊重认可,疏忽了对孩子健康个性的培养和失衡心态的矫正,诱发了孩子不良心理的爆发。要想改变孩子的不良心态,父母可参考以下做法:

方法一,用宽容的态度对待孩子的错误。

有的家长对孩子过于严厉和粗暴,教育孩子缺乏耐心,使孩子感觉自

己没有被尊重和重视，从而产生怨恨情绪。对此，父母应用宽容的态度对待孩子的错误行为，平时尽量抽时间陪伴孩子，一起游戏，一起读书，营造一种比较轻松的环境，认真倾听孩子说话，孩子才不会因积怨而产生报复心理。另外，父母在教育过程中应注意方式方法，避免直截了当的批评，更要杜绝严厉、粗暴的态度。

方法二，帮助孩子疏解心理压力。

青春期女孩心理敏感，加上课业负担重，有的承受了比较大的精神压力，在遭到他人的嘲笑、讽刺、欺负时，她们的消极情绪无法缓解，便会在心里积压，产生报复情绪。对此，父母要关注女孩的情绪变化，多沟通多交流，帮助她疏解精神压力，使报复心失去生长的土壤。

方法三，让孩子学会用正确的方式对待伤害。

> 秀秀是个高中寄宿生，因为来自贫苦农村，所以她比较自卑，也比较懦弱，从来不敢和别人发生正面冲突。舍友有时开玩笑，不经意刺伤了她，她就想报复这个舍友，常常做一些恶作剧来发泄不满。后来，她的行为被舍友发现了，大家都觉得她很可怕，不再跟她交往。她只好转学了。

当女孩和别人发生了不愉快，父母应建议女孩通过合理方式化解这些矛盾：如果对方是故意的，父母可以帮忙分析一下情况，引导女孩用写日记等方式发泄心中的不满；如果对方的行为已构成人身伤害，父母要鼓励女孩采取合理的手段来维护自身利益，若自己无法解决，可以求助家人和老师；如果对方是无意的，不妨进行换位思考，采取合理方式解决，摒弃报复心理。

父母应该引导女孩思考一下：报复会不会受到众人的谴责，会不会触犯法律，会不会让自己"众叛亲离"，使她认识到报复的危害性，进而及时消除报复心理。

家长课堂

父母要让青春期女孩知道，生活中与父母、与他人发生矛盾在所难免，对此要有心理准备，不能回避，更不能"以暴抑暴"。只有用正确的方式对待矛盾，消除报复心理，孩子才能健康成长。

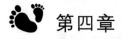

第四章
情窦初开,花季里的情感萌芽
——给青春期女孩的情感指引

"哪个少男不钟情,哪个少女不怀春。"进入青春期后,女孩的生理和心理逐渐成熟,情窦初开,开始对异性充满好奇,渴望得到异性的关注。在这个阶段,父母要关注女孩的生活和学习,为她解答情感困惑,引导她学习青春期性知识,帮助她树立正确的爱情观,安全度过青春期,为未来的幸福生活奠定基础。

"他长得好帅!"——对异性的好感不等于早恋

随着性成熟,进入青春期的女孩开始对异性产生好感。而父母发现女孩有早恋的倾向时,大都反应强烈,不懂得如何引导。

很多家长会产生这样的困惑:

"我的孩子今年16岁了,最近我发现孩子非常喜欢异性的物品,有点担心她是不是早恋了,我们也不敢问,不知道该怎么办。"

"我不反对女儿跟男同学交往,只是害怕女儿难以把握好一个度,会影响学习。我每次提到这个问题,她总是很不耐烦,说我是庸人自扰。"

"女儿长大了,有什么话也不跟我们讲。班主任告诉我孩子可能早恋了,我找她谈话,她一句话也不说,急死我了。"

女孩到了青春期,会对异性产生好感。这时父母用不着特别惊慌,因为这说明女孩的生理和心理发育是正常的,只需进行正确引导,帮助女孩越过早恋的雷区。

方法一,引导孩子与异性正常交往。

在现实生活中,不少父母严禁女孩与异性密切交往,这种做法很可能使孩子产生逆反心理。实际上,孩子在既有异性朋友,也有同性朋友这样一个共同的群体中，能学会更自然、更主动地与人交往。所以，父母要坦诚以待，适当鼓励，引导女孩与异性正常交往，这对其成长是有好处的。

下面是一位母亲的经验：

"女儿是大大咧咧的性格，有很多好朋友。16岁生日时，我们为她举办了生日会，不管是同性朋友还是异性朋友，都邀请来了。那几个男孩都很优秀，还与我先生打成一片。生日会后，女儿的朋友都说我们很开明。在这种氛围中，女儿对异性并不好奇，都保持着普通朋友的关系。高考时，女儿的考试成绩很好，顺利考进了重点大学。"

方法二，不随便给孩子扣早恋的帽子。

当女孩对异性朋友产生好感时，父母不要随便给孩子扣上早恋的帽子，不能盲目"封杀"。在这个时期，女孩最需要的其实是父母的正确引导。同性朋友在一起时都会讨论：你最喜欢咱们班哪个男生？你为什么喜欢他？女生通常会对举止自然、大方，对人比较友爱，充满活力的男生产生好感。只要父母引导得当，女孩便可以从"好感"中汲取力量，不断完善自己。

方法三，鼓励孩子参加课外活动，转移注意力。

假如女孩对异性产生好感，严重影响了学习和生活，父母也不能简单粗暴地进行批评，应该从侧面鼓励孩子参加课外活动，多与同伴互动，把注意力转移到自身能力、修养的提高上，把精力放在自我进步上。比如参加演讲比赛、英语竞赛，发展业余爱好，在学习中为自己树立目标。

当发现孩子对异性产生好感，不要简单地定义为早恋，更不能用粗暴说教的方式直接干预，可以从侧面引导孩子，转移其注意力，让她逐步成熟起来。

"他身材真好呀！"——对异性的身体开始好奇

一个女孩在日记中倾诉了自己的困惑：

"班里来了一个新同学，是体育特长生，长得高大帅气。有一次上体育课，我不小心摔倒了，他一把将我拉了起来。那一刻我怦然心动。后来，我每天都想见到他，总是想起他胳膊上的肌肉块，这让我很羞愧。"

刚刚步入青春期的女孩，因为生理变化及外来信息的影响，往往会对异性的身体产生好奇心理。如果父母不能及时进行引导，很可能使女孩深陷幻想，无心学习。因此，父母要留心观察孩子青春期出现的心理、生理变化，正确处理，使其安然度过青春期。

方法一，让孩子意识到男女交往要有度。

父母要让女孩知道，青春期出现对异性身体的好奇心是正常的，但是男女有别，与男孩交往要保持安全距离，注意环境和场合，彼此间的接触要有分寸、有节制、有礼貌。

方法二，给孩子选择一些科普读物，让她初步了解性知识。

对于性教育，很多父母在思想上存在误区，不仅自己回避谈性，对孩子也采取"不许问"或搪塞的态度来应付。以下是大多数家长的想法：

"给半大的孩子讲性,我认为没有这个必要,他们大了自然就懂了。"

"我也想和女儿聊聊这事,但面对性这个敏感的话题,真不知如何开口。"

"孩子什么都不知道还好,什么都知道了是不是更想尝试,更加好奇?所以,我很犹豫要不要讲给孩子听。"

很多家长都有类似的困惑,事实上,因为"性"很神秘,孩子往往会自行通过电视、网络等去了解,但网络信息鱼龙混杂,反而可能误导孩子。所以,父母要通过正规的渠道,让孩子适当了解与其年龄相符的青春期性常识。比如购买正规出版的科普读物、科普光盘,满足孩子的好奇心。

方法三,运用多种方式侧面疏导,让孩子把注意力放在更重要的地方。

有关专家提醒家长,孩子对异性身体表现出好奇,不要觉得这是多危险的事情,也不要动不动就训斥孩子。青春期的孩子天生有强烈的好奇心,父母要与孩子坦诚交谈,有针对性地解答她的困惑,消除其好奇心。

家长课堂

青春期女孩身体发育趋于成熟,但她们对自己的身体状况知之甚少,对异性充满好奇,心理又很封闭,自身也非常困惑。父母要与之沟通并正确引导,在与异性交往方面给出合理的建议,让她多从精神层面欣赏异性,把事情想得简单一点,把视野放得宽广一点,正常参与异性社交。

"我觉得那样很美妙。"——性幻想并非不健康

小雨最近不知怎么了,脑子里常常会出现一些自己与异性亲近的场景。她觉得自己患上了某种疾病,感觉自己仿佛生活在黑暗中,对生活和学习都失去了兴趣和热情,整天没精打采。

案例中的情形其实是性幻想的表现,很多青春期女孩都会出现这种现象,也苦于没有一种可以从性幻想的世界中解脱出来的方法。

研究表明,在 19 岁以下的青少年中,有过性幻想的占 68.8%。青春期女孩有时会对一些根本不认识的偶像产生倾慕和种种幻想。其实,性幻想在一定程度上可以缓解压力和紧张,帮助青春期女孩减少情绪压力。不过,若总是沉湎于性幻想中,也会影响学业,误入歧途,乃至于产生性心理障碍。

对于孩子的性幻想,父母不能放任自流,应进行适当的引导。

方法一,告诉孩子不要把性幻想当成一种负担。

下面是一个女孩的自述:

"我高一的时候早恋了,上课偶尔会走神,晚上睡觉时,脑海里总会出现一些两人亲密的场景,画面很美,心情也很美。可是,第二天一想起昨天晚上的梦,我心里就非常不安。我觉得自己是不是很变态,怎么会想出这种事来?"

产生性幻想后,青春期女孩通常会产生巨大的心理压力,怀疑自己的心理出了问题,怕别人知道了嘲笑自己,怕父母知道了会斥责自己。其实,性幻想恰恰表明孩子的生理、心理发育都很正常,没有必要过于担心。父母要表示出充分的理解,以此减轻孩子的负罪感,让她以轻松的心态去面对性幻想。

方法二,给孩子选择一些正规出版的性教育读物。

有的家长认为,孩子在性方面知道得越多,可能越"坏事"。他们忽略了一个问题,性教育并不是千方百计地阻止孩子做"坏事",而是让孩子在面对问题时能够做出理性的选择,以更恰当的方式去处理某些事情。当青春期女孩对性充满了好奇时,也许会找一些"思想不健康"的书籍来看,这些书籍中渲染性的描写,反而会让她想入非非,产生性幻想。所以,让青春期女孩具备一定的性知识,可以有效地消除其内心的困惑。

家长课堂

性幻想对于进入青春期的女孩来说,是正常的性生理和性心理现象,但如果沉湎其中,危害会很大。对此,父母要引导女孩放下心理负担,正确看待性幻想,同时让女孩了解一些性知识,消除对于性的神秘感,性幻想自然就会消失。

"我离不开他。"——喜欢和爱是有区别的

青春期女孩结交的异性朋友，在某种意义上和同性朋友并没有本质上的区别。但是，由于青春期女孩的思维能力、分析能力不够，审美观和价值观也不成熟，有时很难分清友谊与爱情的区别，很容易将喜欢误认为是爱。

有个女孩在日记中这样倾诉自己的心声：

"我们班上的李涛，学习很好，个子很高，还会弹吉他，很多女生都偷偷喜欢他，我也是。我们从幼儿园起就是同学，同学们常开玩笑，说我们是'青梅竹马'。虽然在众人面前我表现得不屑一顾，但是内心却美滋滋的。我喜欢放学和他一起回家，喜欢他借给我书看，我不知道这是不是就是'爱'。"

到了青春期，男女生之间出现这种朦胧的好感，绝不是真正意义上的恋爱关系，只是男女生之间一种很自然的彼此欣赏。父母的任务就是引导女孩认识到这一点，具体方法如下：

方法一，帮助孩子分清爱与喜欢的区别。

父母要引导女孩认识爱与喜欢的区别，认识到对异性产生好感更多的是出于好奇，根本没有上升到爱的程度。

佳琪今年15岁,在父母眼中一直是个很听话的女孩。可是,有一天,老师打电话给佳琪的父母,说佳琪早恋了。这让佳琪的父母大吃一惊。晚上回到家里,父母没有大声斥责她,而是像对待朋友那样和她谈心。佳琪对父母说:"我知道你们都知道了,你们也别阻拦我,我根本控制不了自己,我就是离不开他。"妈妈没有反驳她,而是给她讲了喜欢和爱的区别,还讲了一些生活中的实例,然后问她:"你觉得你们的感情是喜欢还是爱呢?"佳琪没有回答,但是慢慢地不像以前那么偏执了。父母也表示不会干涉她交友的自由,只是让她注意学习。到高中毕业时,佳琪的这段感情也"无疾而终"了。

青春期女孩对"爱与喜欢"的迷茫是一种正常现象,父母要做的就是让女孩明白爱与喜欢是不同的情感和概念,帮助女孩平稳度过青春期。

方法二,营造宽松和谐的家庭氛围,给予孩子交友的自由。

宽松和谐的家庭氛围可以培养女孩乐观开朗的性格,女孩的交友也会变得大方自然,有什么事情不会瞒着父母,这样一来,女孩就不容易把喜欢误以为是爱,可以很好地处理自己的感情问题。

 家长课堂

青春期女孩喜欢上异性,是一种自然、纯洁的情感流露,并不是严格意义上的"恋爱"。面对这种情况,父母应该创造一个宽松的交友环境,让孩子在与异性的交往中学会区分"爱"与"喜欢"。

"数学老师太有风度了!"——欣赏和崇拜不是爱

在一个"师生"贴吧里,有个女生发了下面的帖子:

"我想问一下,在这个吧里有没有女生喜欢或者暗恋比自己大的男老师?我就是其中的一位,虽然我现在已经离开了那所学校,但我依旧没有忘记他。当然,他并不知道这一切。他成熟稳重,特别有男人味,很体贴人……我就是这么渐渐爱上了他!现在我很苦恼……"

青春期女孩会对异性产生美好的感情,但是因为生活圈子窄,见识少,再加上老师有知识、有修养、对学生热情帮助,很容易博得女孩的倾慕。遇到这种情况,父母应该怎样应对呢?

方法一,冷静观察孩子的情绪,切忌打骂孩子。

父母发现问题后,打骂只会适得其反。青春期女孩对于爱情尚处于懵懂状态,她们自以为的爱,其实只是一种崇拜。父母首先要冷静下来,再观察一下,听听孩子的想法。如果孩子暗恋老师对她的学习有帮助,也不用那么极力反对,应及时引导孩子正确对待。孩子这个阶段的感情还不成熟,等到毕业了,她自然会理性看待自己对老师的感情。

方法二,和孩子一起分析暗恋老师的原因,让她明白欣赏与崇拜不等于爱。

很多男老师知识渊博，成熟沉稳，对自己严格要求，对学生认真负责。这样的老师的确值得尊敬，只是很多女孩把崇拜和欣赏误认为是爱。对此，父母应该让孩子明白，她看到的只是男老师的其中一面，并不是全部。

比如有个女孩曾这样说：

"我曾经狂热地暗恋物理老师，把他看得十全十美，但自从有一次无意间看到他买菜时为了一毛钱和小贩争执得唾沫飞溅，甚至说话粗鲁，他在我心目中的高大形象顿时轰然坍塌。"

许多女孩常常把男老师的形象加以美化，这是心理误差，也是不成熟的标志。

方法三，寻求男老师的帮助，一起说服、引导孩子。

青春期女孩对老师产生朦胧的感情，大都是因为这个老师具有良好的内在品质，这也是学生发自内心地敬佩老师的源泉之一。所以，当父母发现女孩对老师产生爱慕之情时，不妨求助于这位老师，引导女孩将精力放在学习上，理性对待这段不成熟的感情。

家长课堂

青春期女孩暗恋男教师，是一种单纯的仰慕之情，但也是幼稚、不现实的。父母一旦发现孩子发生这种情况，不要操之过急，应及时、巧妙地进行正确的爱情观教育，引导孩子走出不切实际的"暗恋"误区。

"我想和他见面!"——走出网恋的误区

现在因为网络的便捷,加上青春期对于感情的渴望,很多女孩陷入网恋不能自拔。这也使很多父母为之烦恼:

"女儿原来是一个成绩优异的乖乖女,自从她喜欢上网络以后,整个人都变了。这几个月来,为了见网友,她好几次差点离家出走,现在我们的关系很僵。她深陷网恋,根本不考虑父母的感受,真让人心寒。"

"孩子最近与外地的一个男孩联系过于频繁,都影响学习了。她在家很少与我们沟通,朋友也不多。出现这种情况,我们该怎么办呢?"

其实,女孩网恋是有原因的,很多都是因为在现实生活中缺乏关心,或者没有倾诉的对象,所以容易把情感寄托于网友。

了解了这些原因,父母就不难引导女孩走出网恋的误区。

方法一,注重与孩子的感情交流。

一个女孩在日记中倾诉了自己的心声:

"那段时间,父母天天吵架。因为学习压力很大,父母又从来不听我倾诉,我就交了一个网友,我们聊得很投机,我觉得我们的心灵是相通的。后来这事被父母知道了,他们掐断了我和他的一切联系。我不明白,为什么父母不关心我,也不允许别人关心我呢?"

如果家庭没有给予孩子足够的关爱,而且情感交流也十分匮乏,便会促使她们在虚拟世界里寻找一份虚拟的爱。对此,父母即使工作再忙,也要抽出时间来关心孩子,多多沟通,关注孩子的情绪变化。同时让孩子明确网恋的弊端,比如沉溺网络会影响学业,而且网络是虚拟的世界,我们无法确定对方的人品等。另外,可以多带孩子参加户外活动,让孩子充分感悟生活,体会大自然的美好。

方法二,教给孩子网络安全知识。

调查研究表明,大部分青春期女孩网络安全意识淡薄,随意向他人透露自己的隐私。这很可能会对女孩的学习、生活、交友等造成不良影响。所以,父母要告诉女孩,网上了解知识、结交朋友的时候,要安全上网;不要把自己的照片、家庭地址、学校信息等告诉网络上的陌生人;不要随便答应和陌生网友见面……这样才能避免给不法分子可乘之机。

方法三,亲自监督,帮助孩子戒掉网瘾。

女孩在网上交朋友,甚至发展为网恋,网瘾就会变得很大,不思学习,沉溺网络。有的孩子即使意识到这一点,也难以控制自己。这时,父母不妨陪同孩子一起上网,浏览有趣又有意义的信息;更重要的是给孩子规定合理的上网时间,让孩子劳逸结合,既满足了上网的需要,又不耽误学习,循序渐进地帮助孩子戒掉网瘾,走出网恋的误区。

青春期女孩迷恋网络,陷入网恋,父母也不必"谈网色变",应深挖根源,然后对症下药,真诚交流,正确引导,对孩子进行必要的网络安全教育,帮助她认清网恋的实质。

"我有恋爱的自由。"——正确疏导"早恋情结"

青春期女孩早恋后,一旦遇到父母干涉,常常会振振有词地说自己"有谈恋爱的自由",这是青春期逆反心理在作怪。以下是典型的几个案例:

"我虽然还在上初中,但我已经成熟了,还有了自己喜欢的男孩,我们确定了恋爱关系。可是,父母发现之后,不顾我的反对硬给我转校,还切断我和男友的一切联系。我已经长大了,难道我没有谈恋爱的自由吗?"

"我是在高考前和男友确定恋爱关系的,并没有怎么影响学习,但是父母硬是逼我们分手。我非常不明白,难道他们生了我就要管我一辈子吗?我已经长大了,连恋爱自由都没有吗?"

上述女孩的心态在现实中并不少见,这是青春期必经的一个阶段。对父母来说,女儿有了喜爱的异性,首先应该理解——女儿长大了,然后在尊重孩子的基础上进行适当引导。

方法一,疏导为主,不粗暴干涉。

"早恋"这个话题对于女孩父母来说十分敏感,有些父母听说女儿"恋爱了",就会很着急,甚至采取一些强硬手段来"斩断"女儿的恋情。但是,处于青春期的女孩,逆反心理很重,粗暴干涉不仅解决不了问题,还可能引起她们的反抗。要想从根源上解决女孩"早恋"的问题,还是要以疏导为主,心平气和地与她交流，了解她的想法，而不能粗暴地横加指责。

方法二，让孩子了解早恋的危害。

青春期并不是播种爱的季节，只是准备和学习如何去爱的阶段。女孩在这个阶段应该做的是增长知识与锻炼能力，拥有健全的心理与人格，才能让以后的自己自信从容地爱与被爱。父母可以多举一些例子说明早恋的危害：早恋荒废了不少优秀学生的学业，毁了不少孩子的前程；早恋的男女学生往往单独待在一起，导致人际关系往往不佳。

方法三，关心孩子的交友和同学圈子，提高孩子分辨是非的能力。

如果女孩身边的同学、朋友，整天带着异性朋友出双入对，难免会效仿和感到羡慕，有时候往往就是从相互的影响和好奇开始，被别人带进早恋的氛围中。所以父母要了解女孩在学校和业余时间的活动，注意考察她的朋友，如果有一些素质不够高，可能会有不良影响的，要向孩子分析其中利害，与对方保持距离。

家长课堂

青春期女孩陷入早恋，很多时候只是为了寄托自己的情感，渴望得到别人的认同和关心。如果父母给予她们情感满足，便可以排解青春勃发的原始冲动。如果父母严加管教，则会激起她的反抗意识和逆反心理。面对女孩"恋爱自由"的要求，父母应该以疏导为主，坦诚交流，让她明白早恋的危害。

"我收到情书了。"——校园情书让女孩更自信

这是一位优秀母亲的博文,写出了她对待女儿情书的态度,被无数网友转载:

女儿上初二,有一天我问她收到过情书吗?她愣了一下,然后摇摇头。我故意惊讶地问:"不会吧?你这么优秀居然还没收到过情书?"

她羞红着脸问我:"如果我收到了情书,该怎么办呢?"

我说:"第一,这说明你长大了,开始吸引异性的目光了,是件好事。

"第二,你要分析一下自己的魅力是什么,品德好?学习好?气质好?脾气好?形象好还是身材好?如果是:

"品德好,那你就保持心地善良、乐于助人的好作风。

"学习好,那你就要保持名列前茅,最好再提高几名。

"气质好,那你就继续坚持博览群书,练好琴棋书画,提高修养。女人的气质是修出来的,不是装出来的。

"脾气好,那你就保持自己的性格,不要再像小女生那样任性,乱发小姐脾气。

"形象好,那你就继续保持干干净净、整整齐齐、清清爽爽的形象,别像小时候那样,一写作业满手满身都是钢笔渍。

"身材好，这一点你可要注意了，因为我最近发现你有点驼背，要加强锻炼，坐立行走都要挺直背。还有要特别注意保护眼睛，近视度数可不能再加深了。

"第三，不论你是否对这个男生有好感，你都要静观其变，以不变应万变。中学生还没定型，他今天说喜欢你，明天说喜欢她，这都很正常，所以，你对他的情书也没必要看得太重，今后见到他还要和以前一样落落大方，就像什么也没有发生过，否则反而会引起他的误解。

"第四，如果有可能，选个合适的时机直接告诉他，上大学前你不想考虑任何与学习无关的事。要知道，你将来上了大学，机会还多得很，现在根本没必要考虑这件事。难道要为了一棵树木而放弃整个森林吗？

"第五，写情书的男生对你的感情只是一种好感罢了。真正的爱是需要与责任相伴随的，他现在对自己都负不了责，对你就更无法负责了。一个没有能力对女人负责的男人，即便再优秀，女人也不会接受他。

"总之，保持优秀，修正不足，将来你还会收到很多很多的情书，赢得更多优秀男士的青睐。到时候，你可要擦亮眼睛，选一个正直、勇敢、坚强、有责任心、有事业心的人，选一个能真正与你风雨同舟、同甘共苦、相伴一生的爱人。"

很多青春期女孩都收到过校园情书，但如何应对却因人而异：有的女孩如临大敌，选择告诉老师，让老师制止；有的女孩欣喜万分，顺势坠入情网；有的则装作若无其事，采取冷处理……

青春期收到"小纸条"并非绝对的坏事，事实上，收到过情书的女孩更自信。儿童心理专家晏秀祥说："孩子进入青春期主要有三个明显特征，一是对异性好奇，二是开始反抗，三是对未来充满丰富的想象。"如果孩子没有出现这些特征，家长反而要反思自己的教育方式是否出了问题。

当家长发现女孩收到了"情书",不要慌张,而要以理解和赞赏的态度去引导孩子,让她理智、圆满地处理好情感问题,同时激发她的自信心,引导她不断完善自身。

当青春期女孩收到情书,父母要以接纳的态度,让女孩敞开心扉,共同探讨,帮助她做出正确的选择,理性地处理好青春期的情感问题。

"我喜欢看他打篮球。"——挥之不去的单相思

随着性的萌动,青春期女孩对感情产生了渴望,总是梦想着找到自己的"梦中情人"或"白马王子"。一旦现实中出现这样的异性,她们就会迸发出一种强烈的喜爱和痴迷,但是又不敢表达出来,从而陷入"单相思"。单相思是一种幻想式的感情,长期陷入单相思会影响学习,导致上课注意力不集中,心神不宁。

那么,父母应该怎样引导女孩走出"单相思"的误区呢?

方法一,引导孩子多读书,增长见识,加深对爱情的理解。

读书可以改变一个人的人生观、爱情观。父母可以推荐女孩阅读一些积极向上的励志读物或世界名著,如《简·爱》。女孩通过读书,会渐渐明白爱情的真谛,从而走出自己的感情误区。

方法二,引导孩子进行心理调节,客观评价暗恋对象。

性格内向的女孩极易出现"单相思"的情况,父母应引导她进行心理调节,鼓励她参加集体活动,主动帮助同学,与同学形成良好的人际关系。如果同学对她有较高的评价,许多同学都会以她为榜样,那么她更会以积极向上的态度对待学习和生活。另外,可以建议女孩自然大方地与暗恋对象接触,消除他的"神秘感",在接触的过程中,经过客观全面的评价,对暗恋对象那种痴迷的"幻想"就会渐渐消除。

我们来看看下面这位妈妈是怎样做的:

"去年暑假,女儿变化很大,成绩下降不说,回家也不爱搭理人。经过一段时间的观察,我发现她暗恋了一个男孩。那个男孩是我同事的儿子,学习很优秀,但是也有很多问题,比如脾气暴躁,整天对自己的父母发脾气。后来不管是一起看电视,还是讨论某个问题,我总是旁敲侧击地说:'有些人如果不了解的话,我们不知道他的真实本性,比如某明星……'有机会我也带她去那个同事家串门,那个男孩好几次发脾气都被她看到了……渐渐地,她解开了自己的心结,学习成绩也慢慢提高了。"

方法三,真诚地与孩子交流沟通。

青春期女孩陷入单相思,需要父母做她们的大朋友,进行真诚的交流。至于交流的方式,可以是口头的,也可以是书面的。与孩子沟通的时候,注意要多倾听少评价。另外,多花些时间和孩子在一起,了解孩子的想法和当前状态,会使孩子愿意向父母倾诉,并倾听父母的意见。父母要让女孩明白,爱情并不是生活的全部,青春期的生理和心理均未发育成熟,应该做适合自己年龄的事情。

青春期女孩热爱浪漫,渴望爱情,很容易陷入单相思,这是很正常的事情。父母对此不要过于紧张,应认真倾听女孩的心声,及时引导女孩认识这种朦胧的感情,帮助她克服单相思,把精力放在学习上。

"他喜欢上别的女孩了。"——顺利度过情感失落期

一位妈妈说:"女儿喜欢的男孩转学了,她非常失落,整天把自己关在家里。我们劝她,她总说自己失恋了,该怎么疏导她呢?"

青春期男女的早恋,大多源于生理上的早熟,还不懂精神上的爱情,因此来得早去得快。随着接触时间变长,早恋双方彼此的缺点暴露出来,或无力调节某些矛盾,很难相互接纳缺点,当初的那种生理欲望也随之减弱,心理日渐疏远,分手就几乎成了必然。

尽管如此,初恋的感觉仍然是美好的,让人刻骨铭心。所以,一旦分手,很可能对女孩产生一定的心理伤害。对此,父母应该怎么做呢?

方法一,提前给孩子打预防针。

当女孩陷入初恋的激情时,父母应及时提醒孩子青春之恋往往难以修成正果,让她做好心理准备。一开始女孩也许不会把父母的话放在心上,但当分手发生后,因为有了思想准备,她便不会太过伤心。

曼妮谈恋爱了,父母没有过多干涉,只是给了她一些忠告,比如:"青春期的早恋只是好感,不是真爱。""你要做好思想准备,青春之恋来得快去得也快。""只要你们不影响学习,不做出

格的事情，我们不反对。"

父母的宽松政策，让曼妮比较放心又光明正大地与男孩交往。半年后，曼妮在家里提那个男孩名字的次数变少了，妈妈问她原因，她淡淡地说："他觉得我脾气不好，我们分手了。"妈妈听了，不禁松了一口气。

方法二，与孩子真诚交流，让她明白那并不是"真爱"。

当孩子出现感情问题时，父母要用关爱的态度与孩子促膝谈心，让她了解早恋并非"真爱"，解开她心里的疙瘩，使她不至于在失恋的痛苦中停滞不前，甚至自暴自弃，而是从"初恋"与"失恋"的经历中学习到成长的知识、心理调适的技巧，从而走向健康的成年。

方法三，启发孩子发现自己的优点。

当女孩陷入失落、悲伤的痛苦时，多半会认为自己不够好，如果没有别的朋友或兴趣来转移注意力，很容易在孤独和寂寞中反复咀嚼失恋的滋味。对此，父母要启发女孩发现自己的优点——"你这么优秀，还愁今后没有人爱你吗？""那个男孩并不是真爱你，你一定会找到更优秀的人来爱你。"给孩子足够的时间去理性思考，相信她最后一定能走出来。

家长课堂

女孩进入青春期后，有些父母很难读懂孩子的言行举止，也很难帮助孩子解决"失恋"这种问题。对此，父母要多了解青春期心理健康或性健康知识，站在孩子的角度理解其"失恋"的心情，及时加以引导，帮助孩子安全度过青春期。

"我要去外地看他！"——崇拜偶像不如学习偶像

青少年正处于心理从不成熟向成熟过渡的时期，独立性增强，开始有模仿的对象，于是，一些出现在荧幕上的光鲜亮丽的明星就成了他们的偶像。

在偶像崇拜方面，青春期的孩子表现为"简单盲目，易被误导"。当然，女孩开始追星，表明她已经有了社会化倾向，这是成长的表现。但是，如果崇拜偶像、追星到了痴迷的地步，难免影响学习，甚至做出更疯狂的事情来，这时父母一定要及时加以引导，帮助孩子走出误区。

方法一，和孩子一起"追星"，引导她理智地看待明星。

青春期女孩在追星过程中很容易陷入盲目崇拜和模仿的误区，父母不妨加入其追星行列，和她一起追星，从中给她正确的引导。

下面这位爸爸做得非常成功：

"女儿刚上高一，因为我经常出差，为了多和女儿沟通，我专门给她买了一部手机。一段时间后，我发现女儿的学习成绩下滑了很多，而且话费突然增加了不少。后来得知女儿迷恋上了一个韩国的男子组合，每天都会在手机网络上'游荡'很久。了解这些情况后，我并没有斥责女儿，也没有马上收回手机，而是自己先到网络上全面了解了那个组合，然后专门为女儿制作了精美的明星相册，作为她的生日礼物。同时，我也提出了自己的要求，学习时不用手机上网，学习之余父女俩一起讨论明星。女儿见我不但没有反对她追星，而且还支持她，高兴的同时也很内疚。从此以后，她真的没有再利用手机查询明星的信息，而是专心学习。"

这位父亲尊重女儿，理解女儿，并加入女儿追星的行列，用自己的实际行动引导了女儿。他的做法值得我们学习借鉴。

方法二，分析偶像的优缺点，让孩子在追星的过程中获取正能量。

偶像一般分为两种：一种是青春偶像派明星，如歌星、影星、球星等，他们的形象经过商业包装，其完美的荧幕形象背后可能是各种负面新闻。对这类明星的追求，常常导致青春期女孩追求外表的光鲜时尚，渴望一夜成名，崇尚拜金主义，对于她们形成正确的人生观、金钱观会有很多不利影响。另一种是榜样型偶像，主要指有杰出成就的社会名人。他们的个人气质、成就和人格魅力感召了青少年。从他们身上，女孩能学习到他们成功的经验和积极的人生态度。

父母平时要多和女孩交流对偶像的看法，客观分析偶像身上存在的优点和缺点，引导女孩从偶像身上汲取正能量，丰富并完善自己的人生。

当然，在追星方面，青少年与父母不可避免地存在差异和代沟。所以，父母哪怕不喜欢女儿追星，也不要全盘否定她心目中的偶像，应在尊重她的基础上进行引导。

青春期女孩追星是为了满足自己的心理需要，合情合理，但是，追星不能过度，否则会失去自我；更不能盲目崇拜被商业包装起来的明星。对此，父母要及时引导女孩走出迷恋的误区，从正能量的偶像身上汲取能量。

"我们彼此相爱。"——偷尝禁果容易抱恨终身

青少年偷尝禁果,这是最让家长头疼的一个问题。下面是一位焦虑的妈妈在论坛上发表的求助帖:

"我女儿今年18岁,读高中二年级,成绩本来在班级的中上游,但是最近一直下降。我偷看了她的日记,原来她和一个高三的男生有过一次'亲密的接触'。老师说女儿上课注意力不集中,作业也不能按时完成。我很着急,想和她谈谈,又觉得难以启齿,请大家帮忙想想办法。"

恋爱和性爱有着不解之缘,少男少女坠入爱河以后,有机会单独在一起,电影电视里恋爱的镜头就会成为他们关注和模仿的焦点,激发他们的感情冲动。强烈的性冲动往往使他们失去理智,不考虑后果而发生性行为。女孩偷尝禁果后,很多父母痛心疾首,非打即骂,但这样做不仅解决不了任何问题,还会使女孩的身心受到伤害。

下面是教育专家给出的建议:

方法一,给孩子讲述偷尝禁果对人生的危害,让她提高警惕。

女孩出现早恋行为后,父母要及早告知她偷尝禁果的危害。比如,在社会上,少女过早发生性行为和怀孕是饱受非议的,而且怀孕堕胎会给女孩的身体造成不可逆的伤害;还有研究表明,过早发生性行为者,婚后不

和睦的发生率更高。父母要在日常生活中培养女孩高尚的情操,告诉女孩自尊、自重、自爱和自制的重要性,让她用健康的思想和法制观念来规范自己的行为,切不可随便偷尝禁果。

方法二,积极和孩子沟通,告诉孩子性和爱不能相提并论。

中学时期的罗曼史很难长久,因为双方个性上的不稳定与不成熟,在以后的成长过程中可能发生无数变故,轻易地折断这种情感的联系。所以,父母要做孩子的心理医生,要疏不要堵,尤其要树立正确的态度,和孩子做交心的朋友,并提前告诉孩子一些必要的防护常识。比如,给孩子讲清人流等的实际危害,不要遮遮掩掩,可以给孩子讲些真实的反面的例子,起到警示的作用。

方法三,对孩子表示理解,关注其心理和身体状态。

孩子偷尝禁果后,本身也是羞愧内疚的,这时父母应采取正确的方法,把对孩子的伤害降到最低。事情已经发生了,指责也无济于事,孩子的健康成长才是最重要的。父母还要密切关注孩子的身心状态,以免酿成严重后果。

家长课堂

青春期女孩早恋后,往往对异性带有幻想色彩,情感发展速度较快,很容易做出一些傻事,因此需要父母更多的呵护。但是,保护女孩还需要一定的技巧,要告诉孩子必备的常识,同时又要保护她的自尊心,既不能让她身体受到伤害,也不能让她心理受到伤害。如果发现孩子偷尝禁果,千万不要采取极端措施,应关注孩子的心理和生理变化,对其进行心理疏导,避免孩子受到更大的伤害。

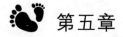 第五章

豆蔻年华，人见人爱的微笑天使

——给青春期女孩的交友指引

每一个青春期女孩都想受人欢迎，拥有很多朋友，但是，这也需要女孩做到彬彬有礼，善于倾听，宽容待人，懂得欣赏与赞美别人……这些品质并不是天生的，而是后天培养出来的。如果你希望自己的孩子也能拥有这些优秀的品质，请给予她正确的交友指引，让她变得善良、宽容、乐观、开朗，成为人见人爱的微笑天使。

"我不想做淑女!"——懂礼仪的女孩更受欢迎

最近,在家长群里有一位妈妈说:"我女儿已经是高中生了,家里来了客人,她却一点也不懂礼貌,让客人很尴尬,让我也很尴尬。"她让大家帮忙出出招。

一个女孩的个人礼仪,不仅代表着她个人的素质和魅力,也从侧面反映出她所受到的家庭教育。因此,父母要注重培养女孩的礼仪,让她成长为一个懂礼仪有魅力的女生。

方法一,父母要做孩子的榜样。

身为父母,即使是生活中的点滴小事,也要做到讲礼貌,给女孩做出榜样。比如家里来了客人,父母要主动问好,热情接待,走时主动相送;日常交流中要用礼貌语:"请""您好""谢谢""对不起"等。另外,一个懂礼仪的妈妈对女孩的影响更大。

在《斯特娜夫人的自然教育》一书中,提到了这样一个例子:

"在我所熟悉的朋友当中,有一位母亲性格恬静、内秀,喜欢一切沉静的东西,并且影响到了自己的女儿。有一次,我到这位朋友家做客,注意到当其他孩子在后院大吵大嚷,玩得兴致勃勃时,她的女儿却非常安静地坐在台阶上。我敢说,她这样做并不是排斥她的小伙伴们,安静地坐在那里正是她参与的方式。这让我感受到了有其母必有其女的道理，同时也感受到了母亲对孩子的影响居然可以如此之深。"

方法二，将礼仪知识用于实践。

这一点非常关键。孩子了解了礼仪知识，但就是说不出口，动不了手。这就是所谓的说起来容易，做起来难。对此，父母可以创造各种机会，让女儿得到锻炼。比如朋友的生日聚会，带女儿一起去；家族长辈过生日，让女儿代表父母送上礼物；为女儿举办生日宴会，邀请她的同学好友来参加，当她招待客人的时候，自然会运用礼仪知识。

方法三，带女孩到懂礼仪的家庭去交流学习。

父母可以带孩子到懂礼仪的家庭里，让孩子与别人家的孩子一起玩耍、学习。孩子的模仿能力是最强的，她很快就能从中学习到好的礼貌礼节。

方法四，不要强迫孩子刻意问候。

学习礼仪是一个潜移默化的过程，不是一蹴而就的。强迫孩子刻意问候是一大忌讳。因为在公共场合强迫或说教孩子，会伤害了孩子的自尊心。比如，孩子在搭乘别人车的时候不礼貌地说："吵死人了，关小点！"回家后，父母可以慢慢地引导她该怎么说："叔叔，音乐声音有点大，是不是可以关小点，这样对耳朵也好。"告诉孩子这是叔叔的车子，应该尊重叔叔。

总之，对孩子的礼仪教育不能操之过急，要有足够的耐心去引导孩子。相信父母与孩子一起努力，女孩就会慢慢懂礼仪，在举手投足之间变得优雅、文明，给人以美的享受。

在现实生活中，礼貌得体的女孩总能给人们留下良好的印象，而那些个人礼仪欠佳甚至表现糟糕的女孩，则很不受欢迎。所以，父母一定要注重女孩的礼仪培养，帮助她成长为一个受人欢迎的女孩。

"我想让大家都听我说话。"——善于倾听会赢得更多的友谊

一个作家曾经说过:"一个人注意自己身上的一颗小痦子的时间,远比关注非洲地震的时间要多。"的确如此,我们都非常关注自己,在和别人交流的时候,往往忽略对方的感受。

女孩进入青春期后,表现自我的欲望越来越强烈,希望更多地让周围的人听见自己的声音。然而,正如印度古代哲学家白德巴所说,能管住自己的嘴巴是最好的美德。那些在社交中受欢迎的人,通常都善于聆听,这也是与人沟通的最佳方式之一。

善于倾听,懂得倾听是有教养的一种体现,因为倾听本身就是褒奖对方谈话的一种方式。我们会发现,善于倾听的女孩与他人的关系都比较融洽,会赢得很多朋友,获得别人的称赞和认同,对其未来的成长与事业的成功都有着很大助益。因此,父母应该重视培养女孩的倾听能力,具体做法如下:

方法一,父母首先要学会倾听。

榜样的作用是巨大的。我们认识很多这样的妈妈,整天大谈特谈自己为家付出了多少,经历了多少不为人知的辛苦……聊天时根本不懂得倾听,只顾自己说个不停,很多人对她的话充耳不闻,顶多出于客气附和一下。这样的妈妈在与孩子相处时,不但不懂得倾听,还会唠叨个不停,这样的沟通方式也将影响到孩子。

莉莉是个 15 岁的女孩，说起话来像开机关枪似的，根本不给别人说话的机会。有一天吃饭的时候，妈妈对她说："年纪轻轻就像得了话痨似的，只顾自己一个人在那里说，知不知道经常打断别人说话不礼貌？"莉莉听了反唇相讥道："你还不是一样，不管在家里还是在外面，只顾自己说，从来没有倾听过别人说话，我还不是跟你学的。"莉莉的话彻底刺伤了妈妈，但是妈妈细细回想女儿的话，反省了自己的行为，觉得自己的坏习惯确实给了莉莉不好的影响，决心以后一定改正。

倾听不仅可以让孩子以父母为榜样，养成倾听的好习惯，也能拉近亲子关系，帮助孩子解决成长的烦恼，分享孩子进步的喜悦，是教育孩子的最佳方式之一。

方法二，教给孩子一些倾听的技巧。

比如：倾听他人谈话时要面带微笑，不能露出不耐烦的表情；倾听时不要随便打断对方，不要当场提出自己的批判性意见，更不要与对方争论，尽量避免使用否定别人的回答或评论式的回答。

倾听中可以灵活运用眼神、表情等非语言手段来表示自己在认真倾听，通过点头、微笑等方式及时对对方的谈话做出反应，也可以通过提问题的方式鼓励对方继续说下去。

如果对对方谈到的内容不理解或不感兴趣，可以委婉、巧妙地转换话题。

上述技巧可以帮助女孩在交谈中展示良好的修养，养成尊重他人的习惯，从而赢得更多的朋友。

方法三，通过实践培养孩子倾听的习惯。

倾听是一种良好的习惯，但不可能一蹴而就，需要在日常生活中加以培养。比如每周举行家庭会议，彼此分享最近一段时间让自己高兴或是不愉快的事情。这样做不但能锻炼女孩倾听别人心声的能力，也能极大地满足女孩的自我认同。

家长课堂

倾听是一种能力，也是一种交流手段。父母要以身作则，除了多倾听孩子的心声，还要培养她倾听的习惯，教给她一些倾听的技巧，让她成为善于倾听的人，为将来构建良好的人际关系打好基础。

"她总是看我不顺眼。"——以善意回应同伴的不友善

随着女孩慢慢长大,接触的人越来越多,总会碰到一些不友善的行为。这些不友善的对待,是对女孩的挑战,也是对父母的挑战。

青春期女孩自我意识强,渴望获得外界的认可,一旦遭遇敌对,往往采取相同的方式去对抗,结果引发更严重的争执,甚至冲突。

对此,父母不能袖手旁观,应适当加以引导,具体做法如下:

方法一,让孩子用善意回应不友善。

青春期女孩的价值观、判断力还未成熟,这时,父母给予的正面引导越多,孩子受到的正面影响就越多,可以逐渐形成正确的价值观。所以,当孩子遭遇不友善的对待时,父母应教导孩子以善意进行回应。在这一点上,父母要做出表率,自己先接纳、先原谅、先主动表示友好,并尽可能提供帮助。父母的态度和做法会让女孩明白:在人际交往中可运用"黄金法则",即你希望别人怎样对待你,你就要怎样对待别人。

静静刚刚转学到新学校,就遇到了不友好的言语和举动。班上有个漂亮女生,家境好,学习也很好,在同学中间很有人缘,首先宣布:"刚来的女同学太土了,我不喜欢她!"马上有几个女生跟着说:"我也不喜欢!""穿的衣服也太土了!"静静很伤心,回到家里闷闷不乐地问妈妈:"为什么她们都不愿意和我做朋友?"妈妈说:"一个女孩子要学会宽容大度,用善良去感动别人。"静静听了妈妈的话,没有对说自己坏话的同学过多计较,还在她们

需要的时候帮助她们。不久,同学们都改变了对她的态度,她的朋友也越来越多。

方法二,引导孩子坚持正义不妥协。

有的青春期女孩面对的不仅仅是不友善,还可能是不公平的对待,比如身体上的伤害、言语上的侮辱等。这时,父母要教导女孩,涉及价值观及自尊的时候,应坚持真理,不卑不亢,勇敢面对别人不公正的嘲笑与讥讽,让女孩养成勇敢、积极、乐观的性格,坦然面对人生中种种不公平的待遇。

方法三,告诉孩子家是最温暖的地方。

当女孩遇到不友善的对待时,一位妈妈是这样做的:

"我和丈夫花了很多精力和时间在家庭上,我非常庆幸,当女儿遇到困难时,她会第一时间寻求父母的帮助。我经常和女儿说,我们是同一战壕的战友,在一起就有力量。女儿曾经在学校受到别人的言语攻击,我鼓励女儿尽可能多地聊聊事情的来龙去脉,然后和她一起分析,并且出谋划策。第一,同学之间出现一些问题是很正常的事情,关键是如何面对;第二,谈谈爸爸妈妈小时候类似的经历,让女儿感到自己并不孤单,原来爸爸妈妈也有过这些难处,从而更有信心去面对。"

父母要让女孩明白,不管什么时候,家的大门永远为她敞开,当她遇到任何不公平的对待,父母都会做她的坚强后盾。

遇到不友善的对待,是很多女孩成长过程中不可避免的经历。智慧的父母不会让女孩逃避、沉默甚至盲目反击,而是给女孩传达"正能量"。如果父母引导得当,女孩便能从不公平的对待中获得心理上的成熟,并培养出宽容、忍耐、坚韧等好品格。

"我不喜欢参加集体活动。"——克服"社交紧张"情绪

许多学校的心理咨询室都曾接待过患有"社交恐惧症"的青春期女孩：

"我觉得自己上高中后得了'人群恐惧症'，很害怕待在人多的地方，如果是和同学在一起，我就尽量躲到一个角落里，担心自己说错话惹人讨厌。可是，我心里非常想要改变这一切，想要自己成为一个受欢迎的人，我要怎么改变呢？"

善于社交的女孩往往拥有不错的人缘，也更容易取得进步和成功。相比之下，那些患有"社交恐惧"或者有"社交紧张"情绪的女孩会渐渐陷入一种恶性循环，越来越不愿意和外界接触，从而影响到人格发育，不利于成长。

社交能力是一个人立足社会必须具备的基本能力，所以，当孩子出现社交紧张的情绪时，父母一定不能掉以轻心，应及时采取一些措施帮助孩子融入群体。

方法一，注重对孩子人际交往能力的培养。

13岁的心心是一个学习成绩非常优秀的女孩，但是性格比较害羞和内向。这个学期老师选她当学习委员，但是她仅仅当了两周的学习委员就向老师请辞了，因为她根本管不了大家，不知怎

么和同学们相处。原来，心心的父母一直把女儿往"乖乖女"方向培养，只要学习好、听父母话就行，并不重视培养她的社交能力。

人的行为习惯都是从小形成的，与父母的教育息息相关。有的父母过分关注孩子的学习成绩，而忽略了对孩子人际交往能力的培养；有的父母可能认为这样挺好，因为传统观念认为"好孩子"就应该是安静、听话的，而不是锋芒毕露、爱出风头的。幸运的是，孩子的社交能力完全可以依靠后天培养、引导和锻炼出来。

父母可以带女孩多参加学校组织的集体活动和一些社交活动，这样不仅可以让她学到一些基本的社交礼仪，还有助于获得良好的社交经验。比如带女孩参加音乐会、画展以及朋友的聚会，还可以利用周末带女孩去超市、商场，接触不同的场合和人群，增强她在社交中的自信心，如此社交能力也会得到提升。

方法二，引导孩子克服社交心理障碍。

父母要引导孩子克服六种社交心理障碍：自卑心理、猜忌心理、怯懦心理、排他心理、逆反心理、冷漠心理，告诉女孩要学会耐心等待，遵守规则，学会沟通和倾听，养成良好的习惯，注意自己的仪表整洁等。这些引导不仅可以让女孩拥有朋友、融入集体，还可以帮助女孩学习如何与他人交流、合作。

患有"社交恐惧症"的女孩通常不愿意与人接触，长大后过着孤独甚至离群索居的生活，苦闷、寂寞的情绪常常包围着她们。为了避免孩子陷入这种困境，父母要注意培养孩子的社交能力，通过一些社交训练和社交场景的逐步暴露，增强孩子在社交中的自信心，为未来的成功奠定基础。

"我一看她那骄傲的样子就烦。"——赞美和欣赏收获好人缘

某班级新来了一位班主任,很受同学们的欢迎。个别同学发现有一个女生经常去找班主任问问题,学习成绩也比以前有所提高。有的同学出于嫉妒心理,认为班主任偏心那个女生,于是编出了一些子虚乌有的事情,什么班主任是那个女生的亲戚呀,那个女生家长给班主任送礼了……其实,班主任对所有同学的问题都会耐心解答。那个女生听了各种议论,心理压力很大,便很少再去找班主任问问题了。她不明白为什么别人总说她的坏话。可怜的女生陷入了苦恼之中。

生活中,很多人只知道为自己的进步与成功窃喜或欢呼,很少真心实意地为别人的成功喝彩。青春期女孩的个人意识萌发,常常争强好胜,心中只想着怎么获得别人的赞美和认同,却不懂得去赞美和欣赏别人。

欣赏是一种美德。生活中,每个人都希望得到别人的欣赏和认可。对青春期女孩来说,赞美和欣赏别人是一种积极的情绪,可以让女孩在人际交往中获得更多的友谊,进而提升她的自信和魅力。

那么,父母应该怎样教育女孩赞美和欣赏别人呢?

方法一,父母要经常赞美孩子。

燕燕是一个活泼开朗的女孩,学习成绩很好,就是说话太

"毒",很多同学都不愿意和她一起玩。有一次,班里组织春游,让同学们自由组合,但是没有一个人愿意和燕燕组成一组。原来,燕燕的父母对她要求非常严格,不管燕燕做什么,父母总是不满意。尤其是燕燕的妈妈,说话十分刻薄,经常说燕燕"笨死了","做什么事情都不能让人满意"……燕燕从来没有得到过父母的赞美和欣赏,自然也不懂得赞美别人。

试想,世界上有谁会愿意经常和一个整天挑剔自己、看自己不顺眼、不认同自己的人交朋友呢?所以,父母首先要发掘女孩的优点,给予女孩欣赏与赞美,让女孩明白赞美和欣赏在人际交往中的重要作用。

方法二,培养孩子为他人付出的好习惯。

父母要多给女孩创造帮助他人的机会,比如公交车上主动给老人让座、帮助同学解决难题等。在为他人付出的过程中,女孩会领悟欣赏的含义,学会尊重和感恩他人,从而对他人多一分宽容和爱,少一分刻薄和批评。而她也自然会得到别人的称赞和欣赏。

方法三,教会孩子赞美别人的技巧。

父母要教给女孩一些赞美别人的技巧,比如赞美要因人而异、情真意切、详细具体、合乎时宜,让女孩明白赞美并不一定要用固定的语言,有时一个赞许的目光、一个夸奖的手势、一个友好的微笑也能收到意想不到的效果。

家长课堂

为了让孩子拥有好人缘,父母应该引导青春期女孩学会赞美和欣赏别人,对别人多些理解和宽容,多发现别人身上的优点,然后对照自身找到差距,激励自己改正缺点,让自己与他人的相处更加和谐,交到更多的知心朋友。

"你听说了没?"——为友谊守住隐私

小雅和小薇都是初二的学生,两人非常要好。小雅对班里身材高大的体育委员颇有好感,有一次和小薇聊天时,小雅悄悄把自己的心事告诉了小薇。

不久,小雅感觉背后老是有人对自己说三道四,而她心目中的"白马王子"也开始故意疏远和躲避她。小雅这才知道班里所有同学都知道她"暗恋"体育委员的事情了。毫无疑问,小薇把她的秘密公之于众了。小雅一气之下,断绝了和小薇的来往。

长期以来,心理学家就认为保守秘密的能力居于一个人心理健康发展的最中心位置。为别人保守秘密也是一个人情商发展的一部分,无论男孩还是女孩,都要从小培养这种意识和能力。

所以,当我们知道了朋友的秘密,一定要守口如瓶,控制传播的欲望,否则将失去朋友。同样,对于自己的秘密,也尽量不要告诉朋友,这样既不会打扰朋友的生活,也是对自己的一种保护。

丽亚曾经是一个"胖姑娘",大学毕业后,她为了减肥,暂时放弃了工作。功夫不负有心人,丽亚历经很多苦痛后终于减肥成功,拥有了令人羡慕的苗条身材。接下来,仿佛一切都顺理成章了,丽亚找到了满意的工作,还找到了爱自己的男朋友,一切都让她非常满意。但是,丽亚的好朋友,同时也是她高中、大学同学的小西,经常在丽亚的新同事、新朋友以及男朋友面前开玩笑似的说:"别看丽亚现在这么苗条可爱,一年前,她的体重还高达××公斤呢,没有人愿意跟她交朋友。"长此以往,其他人也经常拿这件事嘲笑丽亚。丽亚忍无可忍,毅然与小西断绝了来往。

父母要让青春期女孩要学会为他人保守秘密,不管任何时候,面对任何人,都不要随意讲出朋友的秘密。这不仅是对友谊的尊重,更是一种表达诚信的方式。

家长课堂

青春期的友谊难能可贵,青春期的女孩之间总有着说不完的话题和秘密。而为他人保守秘密,是女孩必须学习的一门功课。父母要让女孩学会人际交往的原则,充分尊重对方的秘密或隐私,守护好珍贵的友情。

"我不喜欢开玩笑。"——幽默是人际关系的润滑剂

幽默是一个人智慧的外在表现,也是人际交往中的润滑剂。生活中有了幽默,就可以化解许多冲突和尴尬的情境。

英国知名的戏剧家萧伯纳,以讽刺与幽默闻名于世。有一次,瘦削的萧伯纳遇到一位大腹便便的商人。商人想借机奚落他,便说:"人们看见你,就知道世界上正在闹饥荒。"萧伯纳不慌不忙地予以回击,说:"人们看见你,就知道闹饥荒的原因了。"虽然他只是在别人的原话里加上几个字,但经过这样的改动之后,谁都能读出话中对商人唯利是图、为富不仁、奸诈狡猾的无情揭露与针砭意味。这样的"妙答"真是大快人心。

青春期女孩都希望自己受到同龄人的喜欢,而幽默有助于她拥有良好的人际关系。因为有幽默感的孩子具有一种无形的亲和力,能缩短与其他孩子之间的距离。如果父母教会了孩子幽默,也就教会了她快乐的本领及与人和谐相处的能力。

方法一,用幽默感染孩子。

父母首先自己要学会幽默。父母的幽默,能起到说教无法比拟的作用,可以潜移默化地影响孩子成为一个乐观的人,增加她在人际交往中受欢迎的指数。父母可以就地取材,引导女孩学会幽默;也可以给女孩讲一些幽

默的小故事，让她通过故事体会到幽默的强大魅力。

有一次，美国前总统罗斯福家失盗，被偷走了许多东西。一个朋友闻讯，忙写信安慰他，劝他不必太在意。罗斯福给朋友写了一封回信："亲爱的朋友，谢谢你来信安慰我，我现在很平安。感谢上帝：因为第一，贼偷去的是我的东西，而没有伤害我的生命；第二，贼只偷去我部分东西，而不是全部；第三，最值得庆幸的是，做贼的是他，而不是我。"对任何一个人来说，失盗绝对是件不幸的事情，而罗斯福却找出了感恩的三条理由。

同样的，如果在生活中遭遇挫折，父母可以用调侃的语言来重新定义这些挫折，这样孩子在遇到挫折时，也会以用乐观豁达的态度去面对。

方法二，让孩子乐观宽容地面对一切。

父母要让孩子明白，要学会幽默，首先要宽容大度，克服斤斤计较的狭隘思想。

在培养孩子乐观的性格时，最重要的是，不论孩子遇到什么困难，父母都应站在孩子一边，给予鼓励和支持，帮助孩子积极进取。

家长课堂

一个有幽默感的孩子，更容易受到同伴的欢迎。同时，在面对困难时，有幽默感的孩子也会表现得较为乐观、豁达。因此，父母一定要注意培养女孩的幽默感，让她成为一个快乐的小精灵。

"我也想大胆说出自己的想法。"——良好的表达是可以培养的

> 多多以前上课很喜欢回答问题,可自从上了初中以后,她上课时不敢举手,在家里有什么想法也不敢对父母讲,变得内向了起来。

很多女孩进入青春期以后,不像从前那么"胆大"了,上课不敢回答问题,遇到难题不敢主动问老师,不积极参加学校活动等,甚至在家人面前也不敢表达自己的想法。对于青春期女孩来说,内向害羞说明她们的自尊意识和自我保护意识增强了。但是,过分害羞,不敢积极表达,也是一种自卑的表现,会束缚孩子的成长和发展。

因此,父母要注意孩子在学校以及家里的表现,想办法引导她大胆表达自己的想法。

方法一,在孩子表达自己的想法时,不要总是批评或反驳。

下面是一位老师,也是一位妈妈所讲的故事:

> 我是一个中学老师,自从学生升上初二以来,我发现班里很多女生不像刚上初一时那样对班级或是学习充满热情了。我想起我的女儿上初中时也面临过同样的问题。那个时候,她从来不对我表达自己的想法,上课也从不主动回答问题,偶尔老师叫她回答问题也很紧张。我意识到这样不行。之后,很多事情我都会问她的想法,而且从不轻易对她的想法做任何批评,如果觉得她的

想法不好，我就用另一种思路引导她。渐渐地，女儿变得开朗起来，也喜欢和别人分享自己的想法了。

青春期的女孩正处于一个过渡期，一方面，她们希望自己的想法为人所知；另一方面，她们又担心自己的想法说出来后，会被嘲笑、被批评。所以，她们宁愿将想法埋在心里，也不表达出来。

所以，父母既要善于引导孩子勇敢表达自己的想法，也要尊重孩子的每一次表达。

方法二，丰富生活体验，鼓励孩子有勇气说。

青春期是自我意识形成的一个过程，这个时期的女孩对事物有了自己的独特见解，却又害怕受到打击。父母应该让孩子知道，有自己的想法是一件非常值得骄傲的事情，因为这代表着她无论从心理还是生理，都在走向成熟。

另外，丰富的生活体验是孩子语言表达的源泉，没有丰富的生活，就没有丰富的语言。父母可以带孩子外出旅游；参观一些博物馆、展览；让孩子做一些家务，体验生活。通过这些生活体验，给孩子建立一个宽容自由的语言环境，渐渐地，孩子就会乐于和别人交流分享。

家长课堂

当女孩不敢表达自己的想法时，父母不能逼得太紧，应该让孩子知道，拥有独特的想法是一件好事。同时，当孩子表达自己的想法时，父母要给予鼓励，即使她的想法是错误的，也要尊重孩子的表达，然后再进行引导。

"我想一个人看那本书。"——学会分享可以收获更多

玲玲是一个聪明漂亮的小女孩,但却有一个不肯与人分享的坏习惯。在家里她是绝对的权威,但凡属于她的东西,即使爸爸妈妈也不能动一下。比如,爸爸妈妈给她买了点心,如果爸爸妈妈说:"玲玲,给我们尝一下吧?"玲玲一定会一口回绝。家里要是来了小客人,玲玲就像如临大敌,绝不允许小客人碰她的东西。

分享是一种美德,更是一种快乐。萧伯纳曾经说过:"你有一个苹果,我有一个苹果,彼此交换,我们每个人只有一个苹果。你有一种思想,我有一种思想,彼此交换,每个人就有了两种思想。"

很多青春期的女孩还没有学会如何分享,这样的孩子,不懂得关心父母,关心他人。而分享,可以让孩子学会宽容、大方、热心,学会如何关心他人,明白如何更好地与人相处。因此,学会分享是青春期女孩的必修课,父母不妨试尝试以下几种方法:

方法一,父母应做孩子的榜样。

一位爸爸这样说:

"女儿不知道如何与别人分享,我也不知道如何讲解才能让她理解。我想,也许我们直截了当的行动,会让孩子看得更清楚一点。

"家里经常会做一些小点心,每次做好后,我们都会让女儿拿

一些出来送给邻居。久而久之,在我们的影响下,每次有同学来了家里,女儿都会把自己的东西拿出来与同学分享。有的时候,学校里有春游的活动,女儿还会要求我们多做一些点心,让她带到学校和同学们一起分享。"

父母是孩子最好的榜样。在日常生活中,如果父母多关心别人,帮助别人,自然也会潜移默化地影响孩子。例如,做了好吃的东西分给邻居们尝尝,毫不吝啬地借物品给他人,等等。这些小事,都会为培养女孩的分享意识起到表率作用。

方法二,引导孩子与家人分享。

许多父母宁愿自己受苦,也不愿意让孩子吃半点亏,总是把好吃的、好玩的尽数摆在孩子面前。有时,孩子诚心邀请父母一起分享自己的食物,父母却表示拒绝,久而久之,孩子也就没有了谦让与分享的习惯,将独占视为理所应当。因此,对父母来说,最重要的还是教孩子首先学会与父母分享。

方法三,引导孩子与他人分享。

有一个女孩说:

"爸爸妈妈说过我很多次要学会与别人分享,可我总是觉得,自己的东西就是自己的,如果她他想要可以去找自己的父母要。

"所以,每次爸爸妈妈说我的时候,我都一副满不在乎的样子。有一次,爸爸妈妈带我去奶奶家,奶奶家里有个小我很多的妹妹。我很喜欢和她一起玩,可不知道怎么了,妹妹突然哭了起来,我怎么哄都没有用。无奈之下,我只好去问爸爸该怎么做,爸爸说让我拿东西哄哄妹妹。我把自己喜欢的书、漂亮的饰品都拿了出来,但妹妹还是哭个不停。

"我只得又把爸爸叫了过来,爸爸说:'你想想妹妹喜欢吃什么东西?喜欢玩什么东西?拿出来哄哄她。'妹妹喜欢吃点心,可我的点心只剩下一块了,这也是我最喜欢吃的东西。我心里很纠结,这时爸爸说,没有什么比妹妹不哭更重要的事了。最后,我把点心给了妹妹一半,妹妹终于不哭了,开心地笑了起来。我的心情也变好了。

"事后,爸爸告诉我,分享能够让彼此开心,就像今天我和妹妹一样。我知道了分享的真正意义,我想我以后一定会继续分享的。

许多孩子都不愿意与人分享自己的东西,但是却希望能够分享别人的东西,父母应该充分了解孩子的心理特征,通过引导,从而站在他人的角度去思考问题,让孩子学会与他人分享。

家长课堂

分享是人生中很重要的一个课程。分享不仅能让孩子更好地与人相处,也会让孩子更加快乐。父母要有针对性地引导女孩学会分享,同时也学会感恩。

"我是答应过，但是我反悔了。"——诚信是做人之本

宁宁从小就是一个诚实守信的好孩子，只要答应妈妈的事情，她就一定会去做。和朋友出去玩，她向来准时回家；老师交代的任务，她也总能出色地完成。因此，宁宁的父母、老师和朋友都非常喜欢她。

艾默生曾经说过："诚实的人必须对自己守信，他的最后靠山就是真诚。"教导孩子信守诺言，做一个诚信的人，对孩子的成长有很大帮助。父母必须要让女孩明白：一个人只有诚实、不说谎，才能够建立起良好的信誉，也才能获得他人的尊重。

心理学家何依曾经说过："孩子第一次得逞的谎言打破了父母全知全能的专制王国，他开始体会到他有自己的心志，有一个不为父母所知的隐秘自我。"这种成为一个独立个体的需求，在青春期阶段显得尤为突出。因此，倘若孩子在这种情况下故意隐瞒或者说谎，父母不必"如临大敌"。

方法一，为孩子树立诚信的榜样。

一个女孩在博客中写道：

我的爸爸妈妈工作很忙，没时间陪我。"他们常常对我许下诺言。他们对我说：'女儿，这周爸爸妈妈一定陪你去游乐园。''女儿，这次你的表演会，爸爸妈妈一定会按时到场。''女儿，

家长会爸爸妈妈一定会去的，这次你放心吧。'

"爸爸妈妈对我说了太多的'一定'，可是却很少做到。起先，我还对爸爸妈妈的下一个诺言充满憧憬，可是渐渐地，因为他们很少兑现自己的承诺，我也不再对他们的诺言怀抱希望了。"

只有以诚信来培养诚信，才能达到良好的效果。如果父母言行不一，不守承诺，孩子也会受到暗示，继而跟着模仿。所以，答应孩子的事情，父母一定要做到。生活中，许多父母为了让孩子做某件事，总是轻易向孩子许诺，事后却不兑现，这对孩子造成的负面影响是非常大的。

教育家马卡连柯有一段精彩论断："当你教育自己的子女时，请先检查一下自己的行为吧。你不要认为，只有当你和孩子对话，教导或者指示他们的时候，才算是教育。你如何和别人谈话、如何谈论别人，你如何欢喜、如何悲伤，你如何对待朋友、如何对待敌人，你如何笑，你如何读报——所有这些对于孩子都具有重要的意义。"所以，要想让孩子成为一个诚信的人，父母不仅要通过小事培养孩子诚信的好品质，更需从自身做起，诚信处世。

方法二，尊重孩子的秘密。

佳佳是一名初二的学生，最近一段时间，她回到家总是把房门关得严严实实，出门时也经常把门锁好。父母见状心里有点纳闷。一天晚饭后，妈妈若无其事地对佳佳说："佳佳，每个人都有自己的秘密，其实你不需要担心，我们不会去你房间看的。放心吧，如果你不想说，我们尊重你。等你什么时候想说了，随时跟我们说就行。"没过几天，佳佳居然主动跟爸爸妈妈说了自己的秘密。

进入青春期后，孩子与父母之间最大的矛盾之一，就是孩子越来越强烈的独立需求与父母过多的呵护。遗憾的是，大部分父母很少考虑他们对孩子的生活应该了解些什么，总觉得自己应该掌握孩子的一举一动、所思所想。要知道，孩子是个独立的个体，也会有自己的小秘密，父母要学会尊重和保护孩子的隐私，否则就容易破坏亲子关系。

方法三，让孩子正确评估自己的能力。

有时女孩不能信守承诺，可能是因为答应别人的事情超出了自己的能力范围，最后只能放弃。对此，父母要提醒女孩正确估计自己的能力，当别人提出要求时，要认真评估自己是否能做到，不要轻易作出承诺，一旦承诺了就要努力兑现。

在这个世界上，比能力更重要的是诚信。诚信是一个养成的过程，更是一个实践的过程。孩子在诚信实践活动中，可以学会关心他人以及获得关心、获得尊重，这也是人格完善的基础。

"她们都没有我做得好。"——谦虚使人进步

阳阳的成绩很好,为此她感到很骄傲,认为林林跳舞不如自己,淘淘学习不如自己,而娜娜画画不如自己。所以,她在学校总是独来独往,同学们都觉得她太过高傲了,没法和她做朋友。

希腊哲学家苏格拉底说过:"谦虚是藏于土中甜美的根,所有崇高由此发芽滋长。"青春期女孩如果成绩优秀或者某些方面较为出众,会经常受到父母和师长的表扬。但过多的表扬很容易让孩子产生骄傲情绪,不能正确认识自己,同时也听不进去别人善意的批评,常常处于盲目的优越感中。对此,父母应该积极引导孩子,注重孩子谦逊品质的培养,帮助孩子走出"骄傲"的心理误区。

方法一,耐心教导,让孩子正确评价自己。

孩子出现骄傲的坏习惯往往是过高地估计了自己,认为自己比谁都强,只看到自己的长处,看不到自己的短处,拿自己的长处跟他人的短处比较。对此,父母要引导孩子全面地认识自己,既看到自己的优点,也看到自己的不足。同时规范、督促孩子在交友中的行为,使其养成良好的行为习惯,这样才会受到大家的欢迎。

方法二,奖励以精神鼓励为主,物质奖励为辅。

如果采取过多的物质奖励,容易使孩子产生沾沾自喜、高傲自大的心理。家长要注意以精神鼓励为主、物质奖励为辅,及时发现孩子心理骄傲

的苗头，消除其不良心态。

方法三，表扬时感情流露要"浓淡"适度。

孩子的任何进步都值得父母为之骄傲，但是有些父母望女成凤心切，孩子稍微有点进步就欣喜若狂、赞不绝口，这样会助长孩子的自满情绪。正确的做法是：在表扬孩子时，高度重视感情的作用，尽量做到"浓淡"适度，有时对孩子轻轻的一个微笑比赞美之词更有用。同时尽量避免在外人面前夸奖孩子，因为孩子的自我评价能力还不足，看到那么多人肯定自己，也许会产生错误的认知，认为自己真的很优秀，从而产生骄傲情绪。

方法四，以身作则，为孩子树立榜样。

在管好孩子的同时，父母也需要"管一管"自己，做孩子高尚人格的榜样，谦虚友善，不在孩子面前骄傲自满。

犹太人有句名言："如果自己的内心已由自己占满，就再也不会有留给神住的地方。"所以，一个人要想给知识留下空间，必须不自满。只有虚怀若谷，才能充分吸收周围的营养。对于孩子来说，谦逊的品格能够帮助她在人生的道路上走得更远，更容易获得成功。

谦虚使人进步，骄傲使人落后。一个谦逊的女孩，能够主动取他人之长，补自己之短，还会收获更多的好感和尊重。因此，父母要引导青春期女孩客观认识自己，正确衡量自己，保持谦逊的态度，从而使自己不断进步，更好地成长。

"别人说我老是冷着脸。"——做个人见人爱的微笑天使

正值花季的徐徐,长相甜美,却鲜有笑容,就算遇到开心的事情,她的表情也总是淡淡的,看不出有多兴奋。与同学交往,她总是冷着脸,同学们私下里都认为她不好接近。回到家里,她和父母说话也是冷着脸。

英国诗人雪莱说:"微笑,实在是仁爱的象征,快乐的源泉,亲近别人的媒介。有了微笑,人类的感情就沟通了。"微笑是一种礼貌,也是女孩最美丽的表情,它能给人以温暖和亲和力,就像温暖的春风可以化解严冬的冰冻。所以,与人相处时,微笑是至关重要的,它比任何语言都更加有力,能帮助女孩展现自身无穷的魅力。为了让孩子也做个人见人爱的微笑天使,父母可参考以下几点:

方法一,培养孩子乐观的心态。

人生不会一帆风顺,每个人都可能遭遇失败和挫折,但也正是因为这些才使我们的人生变得丰富多彩。父母要引导女孩以积极的心态去面对挫折,无论得到还是失去,都是人生的体验,要学会微笑着体验过程。

李云小时候得了小儿麻痹症,导致她现在走路都无法保持平衡,但是她并未因此而一蹶不振。相反,她积极乐观,努力学习,能力也很突出。因为妈妈经常给她讲桑兰的故事,用桑兰的经历

去感染她。李云有了自己的榜样,认为只要自己微笑面对生活,生活也会对自己投以微笑。

方法二,引导孩子与人为善。

与人为善是一种美好的个性品质,更是女孩应该具备的处世哲学,它能架起人与人之间的心灵之桥。当孩子真诚地和他人相处,以微笑表达对他人的感谢之意,他人也会用同样的方式对待孩子。

方法三,告诉孩子要学会乐观地生活。

社会竞争激烈而残酷,生活也充满了坎坷,但我们还是应该快乐地生活,因为笑着过也是过,哭着过也是过,为何不选择笑着过呢?父母要引导女孩用好心情把人生填满。当女孩常常面带笑容,便能感染周围的人,拉近与人们的距离,赢得更多的友谊。

美国著名诗人威尔科克斯曾经说过:"当生活像一首歌那样轻快流畅时,笑颜常开乃易事;而在一切事都不妙时仍能微笑的人,才活得有价值。"微笑着面对生活,微笑着前进,微笑着和命运抗争,才能拥有更加充实、精彩的未来。

家长课堂

微笑对女孩的一生有着与众不同的意义。父母要引导青春期女孩学会微笑,这并非单纯地指微笑去待人,更重要的是以积极向上的态度去面对生活中的挫折,永葆一颗对生活微笑的心,以真诚的心去善待身边的每一个人。

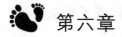

第六章
亲子沟通，青春期与更年期的碰撞
——给青春期女孩的亲情引导

"谁言寸草心，报得三春晖。"每个孩子都是在父母的百般呵护下长大的，女孩常常被称为父母贴心的小棉袄，但是进入青春期后，很多女孩开始觉得父母不如想象中的那么完美，于是逆反心理越来越严重："别总是在我耳边唠叨。""我们之间有代沟。""你们不能动我的东西。"……青春期的到来，似乎意味着代沟也产生了。对此，父母应该给孩子怎样的亲情引导，让她感悟亲情并在亲情的呵护下健康成长呢？

"你们别总在我耳边唠叨个没完!"——唠叨只会使孩子更叛逆

有位妈妈在女儿进入青春期以后,发出了这样的感叹:

"我现在简直没有办法和女儿沟通了。只要我一张嘴,她就说烦死了。有的时候,我想和她说说话,她甚至用耳机捂住自己的耳朵,有时还会和我吵架。明明是一件为了她好的事情,最后却弄得我俩都不开心。她这样做,真的让我非常生气,也非常伤心。父母唠叨也是为了她好,为什么她要发火呢?"

可以看出,案例中的女孩对妈妈的唠叨表现出了反感的情绪。通常来讲,青春期的孩子正处于独立与依附的矛盾心理之中,随着知识的丰富及与外界接触的增多,她们开始独立思考,用自己的视角去看待社会和家庭中的问题,从而产生了自己独特的见解。这种倾向随着她们年龄的增长会越来越明显。于是,在父母唠叨或管教时,她们会自然地产生抵触心理,认为父母的唠叨是多余的。对此,父母没有必要与孩子对着干,而要改变方式,有效引导孩子。

方法一,尊重孩子,将"忠言逆耳"变为"忠言顺耳"。

孩子心烦的时候,父母应该给孩子一个安静、轻松的环境,让孩子自己平复心情。不要觉得围着孩子问来问去就是关心,这种不考虑孩子感受的做法,只会让孩子觉得父母不懂得尊重自己。当孩子从父母那里感受不到尊重的时候，教育画面便演变成了：父母念父母的经，孩子做孩子的法。父母应该明白，在亲子沟通中，最好的方式是倾听而不是唠叨。倾听不但能让孩子感受到被父母尊重，同时也能让父母了解孩子的想法。当父母学会以孩子喜欢听的方式去跟孩子说，孩子才愿意把自己的心里话告诉父母。

方法二，父母要提高自身修养。

俗话说，言传不如身教。父母嘴上功夫再强，若行动跟不上，无论怎么教育，孩子都成为不了父母期待的样子。最好的父母愿意为孩子改掉唠叨的习惯，多读书、多学习文化知识、学习家教方法，这样既提高了自身修养，也掌握了科学的教育方法。

方法三，换个表达方式。

当亲子沟通效果不好的时候，父母可以采用其他方式来表达自己的想法，比如微信、QQ、电子邮件、纸条、书信等。有的家长跟孩子说话的时候，面对孩子的冷脸，控制不住情绪可能会多说几句。不和孩子面对面沟通，就可以避免孩子的"情绪化挑衅"，孩子透过理性和充满关爱的"非面对面聊天"，情绪会更稳定。

多一些关怀和理解，少一些指责和不满，孩子自然能从中体会到父母的爱，渐渐明白父母偶尔唠叨也是一种爱的表达。

 家长课堂

青春期女孩自我意识膨胀，常常听不进去父母的说教，于是，双方的矛盾便产生了。当然，居高临下的说教并非好的教育方式，父母要在尊重孩子的基础上真诚地与孩子沟通，化解双方之间的矛盾，使亲子关系更加融洽。

"我们之间有代沟。"——用理解和沟通化解冲突

周周上了初中以后,和父母说话也越来越少了。在饭桌上,她总是一声不吭地吃完饭就走开;妈妈问起她的学习情况,她总是寥寥数语,一句话也不肯多说。父母觉得女儿与自己越来越远,而周周则觉得父母不理解自己的想法,说多了也没有什么意义。

进入青春期的女孩,开始追求个性和自我,但又缺乏足够的耐心和毅力;她们希望受到他人的认可和尊重,但是父母却习惯为她们安排好一切。于是,代沟便产生了。有代沟是很正常的现象,但是,如果不努力缩小代沟,孩子和父母之间的分歧就会越来越多,沟通也将变得越来越吃力。那么,父母应该怎么做呢?

方法一,多与孩子沟通,听听她对生活的看法。

父母要学会体谅孩子,多与孩子沟通,同时让孩子了解父母的想法。有了真诚的沟通和交流,冲突和误会就会越来越少。

有一位妈妈说:

"女儿上了初中以后,变得不爱和家人说话了。有的时候,我若不主动和她讲话,她可以一整天都不和我们说话。但是我发现女儿和同龄的孩子在一起时,都是有说有笑。

"于是我去找女儿谈,她表现得很冷淡。我对她说:'妈妈也是从你这个年纪过来的,我知道现在这个年龄的女孩都觉得自己和父母之间的观念有很大差别,觉得和父母之间有代沟。但你从来不说,怎么知道你和妈妈的想法是不一样的呢?'

"听了我的话,女儿逐渐打开了话匣子。这次和女儿的沟通,我觉得是很成功的。我还和女儿约定,以后有什么不开心或者不满意的事情,要及时对妈妈提出来,无论对错,我们都可以讨论。这以后,我经常抽空和女儿聊天,偶尔也和她聊一些我在生活中的问题,女儿会向我提出她的看法,这让我非常欣慰。"

相互理解是建立在沟通的前提下的。如果双方都保持沉默,长期下去,亲子关系只会越来越糟糕。

有句话说得好:温柔的说教远胜于严厉的苛责。一方面,父母对孩子的管束不要过于严格,要让孩子有机会去做自己喜欢的事情;另一方面,如果孩子确实做错了,父母不要立刻大声斥责,可以像和朋友谈心那样,让她意识到自己所犯的错误。

方法二,接受孩子已经长大的事实,给予她应有的尊重。

很多父母习惯为孩子安排好一切,也习惯了孩子从小的乖巧听话。孩子进入青春期后,对事物有了自己的看法,这个时候,父母应该意识到孩子已经长大了,不能再像小时候那样安排她的生活。父母要给予女孩足够的尊重,让她自主安排自己的生活和学习。

总的来说,沟通是消除青春期女孩与父母之间产生代沟的最佳方法,对此,父母要掌握一些沟通的技巧,充分尊重孩子,给予孩子更多空间,从而赢得孩子的信任,进而消除代沟。

 **家长课堂**

代沟是孩子与父母之间常见的问题。在处理这个问题时,父母千万不要太过焦急,应尽量站在孩子的角度去思考、理解问题,多与孩子沟通,让自己成为孩子"与时俱进"的朋友,从而消除代沟,使亲子关系更加融洽。

"你不给我买裙子就是不爱我!"——亲情不是用物质来衡量的

曦曦是个很任性的孩子,总是用物质来衡量亲情。每次妈妈不满足她的要求时,她都会说:"你不给我买这个就是不爱我。"这让妈妈非常难过。

孩子的健康成长需要有充分的爱,但是,如果这种爱总是用物质来衡量,爱也就变味了,使孩子的心理健康受到严重影响。对此,父母可参照以下方法来引导孩子:

方法一,淡化物质在家庭教育中的作用。

有的家长常常把物质奖励挂在嘴边,如考试得多少分奖励什么、帮助父母做家务奖励多少……次数多了,就会使孩子对亲情产生误解。所以父母应淡化物质在家庭教育中的作用,多给孩子语言上的鼓励,一个微笑、一个拥抱都可以是奖品,让孩子明白,即使父母没有提供丰富的物质,但是对她的爱没有任何折扣。

方法二,教孩子学会感恩。

下面是一个妈妈的教育经验:

"女儿很小的时候我就教导她,很多东西都来之不易,一定要学会感恩。

"女儿很少对我提出无理的要求。有的时候,碰到她特别想要的东西,她会和我们商量。如果我们坚决不同意,尽管她会失望,但从来不会埋怨我们。

"有一次,丈夫问起女儿怎么从来不会对爸爸妈妈不满足她的要求而生气。女儿说:'爸爸妈妈每天工作这么辛苦,都是为了抚养我长大。如果我为了满足自己的虚荣心或是别的,强迫你们给我买东西,这样做不是太不懂事了吗?'听了女儿的话,我和丈夫都深受感动。"

在有的家庭中,父母一切以孩子为中心,孩子要什么就给买什么,久而久之,孩子会认为这是理所当然的,从而养成自私、狭隘、霸道、不容人、不懂得感恩的坏习惯。要让孩子懂得感恩,父母的榜样作用很重要,无论平时多忙多累,父母都应在假期带着孩子去看望双方的老人;过年过节,要记得给老人买礼物等。当孩子学会了感恩,才会对父母的付出感同身受,才能真正体会到亲情的价值。

方法三,明确拒绝孩子不合理的物质要求。

很多女孩为了达成自己的愿望,常常会采取不同的方法,有时甚至采用极端手段,逼迫父母满足自己。对此,父母不能采取放任的态度,而要坚持原则,明确拒绝孩子不合理的物质要求。等到孩子情绪稳定下来,再平心静气地和她交谈,让她知道家庭的实际情况,并希望她和父母一起努力,共同创造幸福生活。

正确认识亲情,并懂得感恩,是每一个青春期女孩都应该上的一课。对此,父母要重视自己的言行,改变孩子对于物质的观念,处处为孩子作出表率,用实际行动告诉她,亲情是无价的,是无法用物质来衡量的。

家长课堂

女孩若过于看重物质,容易形成扭曲的价值观。父母要及时进行引导,让孩子明白物质不是万能的,亲情才是最可靠、最值得珍惜的。对此,父母要从自身做起,重视亲情,懂得感恩,在潜移默化中影响孩子,帮助她建立正确的价值观。

"你们不可以动我的东西。"——尊重是相互的

楠楠上了初中以后，养成了写日记的习惯。每次写完日记，她都会把日记放进抽屉里，然后锁起来。有一天，楠楠发现自己的日记本明显有被动过的痕迹，她知道肯定是妈妈偷看了自己的日记，这让她非常生气。她气愤地冲妈妈喊道："你为什么要偷看我的日记？你不知道这么做是不礼貌的吗？你这是在侵犯我的隐私权！"

女孩进入青春期后，开始有了自己的小秘密，不愿和父母聊，而选择把一切都写在日记里。对于女孩的这种表现，父母反而更加关注她的一举一动，于是偷偷查看女孩的日记，试图从中找到答案。这样一来，矛盾便产生了。孩子觉得父母不尊重自己，父母也觉得孩子不尊重长辈，矛盾激化，造成亲子关系紧张。

互相尊重，是父母与孩子之间很重要的相处模式。作为父母一方，要学会尊重孩子的隐私，不要把孩子当成自己的私有财产。

方法一，父母要以身作则，引导孩子尊重别人。

父母要教会孩子在别人讲话时注意倾听，等别人说完之后再发表自己的意见。为了做到这一点，父母要以身作则，首先做到尊重孩子。例如，孩子说话时不要随意打断，不要苛责孩子对物品的摆放，不要随意翻动孩子的物品等。

同时，父母应该教孩子尊重别人的意愿和想法，己所不欲，勿施于人。尤其当别人的想法与自己的想法发生冲突的时候，不要将自己的想法强加给别人。

方法二，通过身边的例子让孩子明白尊重他人的重要性。

在日常生活中，父母可以多举一些具有说服力的例子，让孩子明白尊重他人的重要性。

小雅一向任性，经常做出一些不尊重人的举动，比如讥讽、嘲笑他人。

这天，爸爸给她讲了一个发生在自己身边的故事："我们公司有个业务员，他的客户中有一位是药品杂货店的店主，每次他到这家店里的时候，总要先跟柜台的营业员说几句话，然后才进去见店主。有一天，业务员又来到这家药品杂货店，店主对他说今后不用再来了。这个业务员离开药品杂货店以后，开着车子转了很久，最后还是决定再回到店里，把情况向客户说清楚。走进店里的时候，他照常和柜台上的营业员打招呼，然后才到里面去见店主。店主见到他，笑着欢迎他回来，并且比平常多订了一倍的货。这个业务员十分惊讶，不明白自己离开后发生了什么事。店主指着柜台上一个卖饮料的男孩说：'在你离开店铺以后，卖饮料的男孩走过来告诉我，你是到店里来的唯一会同他打招呼的业务员。他告诉我，如果有什么人值得与其做生意的话，应该就是你。'从此，店主成了这个业务员最好的主顾。"

听完爸爸这个故事，小雅明白了，尊重生命中遇见的每一个人，我们的人生必将精彩。

方法三，父母要尊重孩子。

青春期女孩的心理和生理都在逐渐走向成熟，对于自己的喜好也有独特的想法，因此，孩子平时读什么书、唱什么歌、课余时间怎么安排，父母可以提建议，但绝不可把个人喜好强加到孩子身上。

 家长课堂

青春期女孩都非常渴望拥有自己的空间，希望受到父母的尊重，却不注意自己的言行是否尊重父母，所以，学会尊重父母也是女孩的必修课。父母要让孩子明白，尊重是互相的，要想赢得他人的尊重，首先自己要理解和尊重他人。

"我自己知道该怎么做！"——多听取父母意见，避免走弯路

丽娜到了青春期，逆反心理非常严重，不愿听取父母的意见。比如，她自作主张去剪了一个很不适合自己的发型；她拒绝父母的建议，做题花了很长时间却始终没有做出来。丽娜觉得自己可以解决所有的问题，殊不知因为她的固执，她已经走了太多的弯路。

青春期女孩独立意识萌发，认为自己是成年人了，迫切需要自己做主，很难听进父母的意见。出现这种情况，父母也要反思一下平时的教育是不是有不妥之处，是不是经常不尊重孩子的意见做出各种决定？是不是经常对孩子有言语暴力，不断打击孩子？是不是经常拿孩子与别人对比，抹杀孩子的优点？如果是这样，孩子自然会对父母产生不信任感，也不会向父母表达自己的真实想法，更不愿意倾听父母的意见。

但是，青春期女孩尚未形成成熟的世界观、人生观，缺乏人生经验，遇到问题还不能很好地处理，需要父母提供经验指导。

这时，父母可以采取以下方法：

方法一，与孩子讲话时尽量少用教训和斥责的语气。

青春期女孩逆反心理严重，如果父母动不动就用教训、斥责的语气与她讲话，时间长了，她就不愿意仔细倾听了。所以，父母要以平等的态度和孩子沟通，少斥责多欣赏，并真诚地表达自己的想法。只有当孩子充分

信任父母时，才能认真听取父母的意见。

方法二，父母要以身作则，多听取孩子的意见。

一个女孩抱怨说："我妈妈从来不在乎我的看法。有的时候，我的看法明明是对的，但她却不屑一顾。我做的很多决定，她都要干涉。如果和她的决定不一样，她就会努力说服我，非要让我觉得她是对的。"

如果父母从来不在意孩子的意见，孩子就会觉得不被尊重，反而激起其逆反情绪，偏要按照自己的想法去做。

倾听孩子的心声不仅是了解孩子的有效途径，也是引导孩子学会听取别人意见的重要方法。父母要努力构建和谐的家庭氛围，充分尊重孩子，经常听取她的意见，让她在家庭中获得安全感并信任父母，只有这样，当她做决定时，才会认真听取父母的意见，少走一些弯路。

家长课堂

青春期女孩对事物的看法常常会有自己独特的见解，虽然这种见解不一定是对的，但是她仍不希望父母过多干涉自己的事情。遇到这种情况，父母要从自身找原因，多听取孩子的意见，多对孩子的想法给予鼓励和肯定，适时引导孩子，以免孩子走弯路。

"你们都不要我了吗？"——避免孩子成为婚变的牺牲品

小云的父母要离婚了，她觉得非常难过，希望自己能有一个完整的家，担心父母一分开就会不要自己了。因为这件事，小云在学校里萎靡不振，对什么都提不起兴趣。回到家里，她也经常哭，总是将自己一个人锁在房间里。

家庭破裂时，孩子无疑是最大的受害者。青春期女孩的心思细腻而敏感，对家庭离散的事实感到痛苦，甚至绝望。

如果父母能够处理得当，便可以最大程度地帮助孩子尽快调节心理状态，帮助她重建一个心理上的完整的家，重新获得安全感和内心的宁静，继续享受被爱的幸福。对此，父母需要了解孩子对于离婚的理解和反应，以便更好地帮助她进行心理调试。

方法一，与孩子建立畅通的沟通渠道。

张丽丽与丈夫结婚已经14年了，由于双方性格差异太大，经常吵得不可开交，但为了孩子，两人仍勉强生活在一起。后来，他们觉得与其这样貌合神离，不如分开。于是，他们选择了一个合适的机会，打算和女儿认真谈谈。

那天，很少下厨的丈夫破天荒弄了一桌丰盛的菜，已经有所察觉的女儿苦笑着问道:"这是要吃散伙饭吗?"听了女儿的话,张丽丽和丈夫吃惊之余,只得尴尬地笑了笑。随后,张丽丽坦率地对女儿说:"孩子,爸爸妈妈因为一些原因,以后不能在一起生活了。但是我们会成为朋友,而且我们还是你的爸爸妈妈,对你的爱不会有所减少。"丈夫也在一旁补充说:"孩子,我们离婚后,你愿意和谁一起生活,都可以告诉我们。我们尊重你的选择。"

话都说开后,一家三口开始郑重其事地交流对离婚的看法。女儿也渐渐地接受了父母离婚的事实。

青春期女孩在面临巨大挫折时,往往会变得很脆弱。父母需要了解女孩的感受,解答她内心的困惑,同时也要坦诚地告诉她父母所经历的事情以及内心感受。此外,要明确回答孩子提出的问题,比如关于孩子日后生活的具体安排。孩子需要知道父母是否会继续照顾她,关心她。

当父母一方犯错即将离开时,父母最好一起向孩子解释,给孩子做个理智解决问题的榜样,让孩子明白父母也会犯错误,不过他们会勇敢地承认错误,并且用道德的、为社会所接受的方式来改正错误。

方法二,父母应建立稳定的生活秩序。

家庭氛围是影响孩子适应程度的重要因素。离异后,父母应该维持正常的生活秩序,并合理承担各自的家庭责任,帮助孩子更好地适应新生活。

有些父母会因为自己给孩子造成痛苦而心怀愧疚,于是在物质上给予补偿。这种做法对孩子极不负责任。青春期女孩遭遇家庭变故,情绪起伏明显,倘若父母忽视对其情感上的安慰,女孩很容易出现情绪障碍和行为问题。

另外,父母离异后一定要共同分担对孩子的照管,不能让她产生"你们都不想要我"的想法。

家长课堂

当夫妻感情出现问题时,一定要选择合适的机会将实际情况告知孩子,并且取得孩子的谅解。同时要让孩子知道,即使父母离异了,仍然会用实际行动永远爱她。这样,孩子才能理性面对父母的感情抉择。

"妈妈怎么像变了个人？"——青春期遭遇更年期

蕾蕾发现最近妈妈的脾气变得很暴躁，动不动就骂人。不过，蕾蕾的脾气也不太好，每次妈妈一说她，她就开始反击，母女之间的战争已进入"白热化"。

很多女孩发现自己上了初中以后，妈妈不再像以前那么贴心，慢慢变得爱唠叨了，脾气也暴躁了，其实，这可能是妈妈进入更年期的表现。

青春期是由儿童向成年人过渡的时期，它使青少年具有了与儿童明显不同的社会心理特征。在这一时期，孩子独立意识空前高涨，希望摆脱控制，要求自己做主。而处于更年期的妈妈，则会在这一阶段变得情绪多变、敏感暴躁。那么，妈妈和孩子怎样才能顺利度过这一特殊时期呢？

方法一，与孩子谈心，告诉她更年期的症状和感受，争取她的理解。

青春期女孩心理上趋于成熟，但还不完全是一个大人，如果妈妈想让孩子理解自己，就应该放下面子，和孩子好好沟通，聊一些自己在更年期的困惑，争取孩子的理解。母女两人一起面对困难，不仅可以减少更年期和青春期的摩擦，还可以增进亲子感情。

方法二，和孩子商定，两人一起控制自己的脾气。

妈妈进入更年期，女儿正值青春期，家庭氛围会变得异常紧张。妈妈要把女儿当成自己的战友，互相监督，互相鼓励，一起控制自己的情绪。在这个过程中，母女俩共同努力，相互体谅，既能增进母女感情，又能让女孩学会控制自己的情绪。

一个女孩在日记中这样写道：

"妈妈进入了更年期，脾气变得很不好，像是变了一个人。起初我不能接受这样的妈妈，后来我将自己的烦恼告诉了心理老师，心理老师说妈妈正处于更年期，情绪不受自己控制。

"妈妈也找我谈话，说她有时难以控制自己的情绪，希望我在她发脾气时及时提醒她。我觉得很惭愧，妈妈给了我很多包容，而在妈妈经历更年期时，我是不是也应该体谅妈妈呢？于是，我也请妈妈监督我，只要我发脾气，就帮我记录下来。有了这个约定后，我和妈妈都在尽力控制自己的脾气，我渐渐意识到了妈妈的辛苦，开始帮助妈妈做一些力所能及的事情。妈妈在批评我时，我也会认真听着，不和妈妈顶嘴。有时我们会因乱发脾气而向对方道歉。"

更年期遭遇青春期是很多家庭都会遇到的问题，只要妈妈能调节好情绪，充分信任孩子，与孩子共渡难关，一定能取得孩子的理解和帮助。这样，母女都将平稳度过自己人生中的特殊时期。

当青春期遭遇更年期，很容易产生矛盾和冲突，影响亲子关系，也不利于孩子的成长。对此，妈妈要多与孩子沟通，争取孩子的理解，并让孩子帮助自己控制情绪。在帮助妈妈战胜更年期的过程中，孩子也会了解到妈妈的不易，逐渐成熟起来。

"我真的做错了吗?"——人后教女,维护孩子自尊心

英国哲学家洛克认为,父母不宣扬子女的过错,则子女对自己的名誉就愈看重。他们觉得自己是有名誉的人,因而更会小心地维护别人对自己的好评。若是当众宣布他们的过失,使其无地自容,他们愈是觉得自己的名誉已经受到了打击,设法维护别人好评的心理也就愈淡薄。

进入青春期后,孩子已经是一个独立的个体,尤其是女孩,情感细腻,自尊心强,如果父母不分场合和时机,当众教训孩子,很容易伤害其自尊心,从而产生自卑、逆反的心理。

小宇的爸爸很喜欢当众批评她,觉得这样才能让孩子承认自己的错误。小宇自尊心非常强,每次爸爸在人多的时候批评她,她都不敢和爸爸争论。而且很多时候,她也不知道自己错在哪里。

丹丹的爸爸则刚好相反,最忌讳在人前教女,他觉得这样会对丹丹造成很大的伤害。人多的时候,爸爸从来不会对丹丹发脾气,而是等回家后,才心平气和地跟丹丹讲道理,分析她所犯的错误。所以,丹丹每次都会诚恳地认错,并认真加以改正。

两相比较,显然丹丹爸爸的教育方式更可取,不仅顾及了丹丹的面子,也让丹丹明白了自己错在哪里。这也说明,人后教女,更能让孩子明白自己错在哪里。

方法一，教育孩子要心平气和，不要大声斥责。

家教是一门学问，更是一种智慧。父母教育女孩时要注意时间、地点与方法，维护孩子的自尊心，尊重孩子的人格，向孩子指出"过失"的危害性及改正的办法，并给孩子时间去改正，让孩子知道父母是值得信赖的。这样，教育的成效就会更大一些。

方法二，"糖衣炮弹"，孩子更容易接受。

一位父亲分享了这样的经验：

"我的女儿今年14岁，很喜欢吃零食，每次到吃饭的时候，她就嚷嚷着不饿了。她妈妈没少因为这个批评她，但是她依然我行我素。后来有一次，我对女儿说：'最近我们家丽丽表现越来越好了，如果能把饭前吃零食的毛病改掉，那就太完美啦！'结果，女儿听了我的话，还真的就不吃了。"

上例中，父亲通过表扬的方式使孩子得到认可，然后再委婉地指出孩子的缺点，这样更容易让孩子接受，从而改掉坏习惯。所以，批评孩子之前，不妨先让她吃一颗"糖衣炮弹"。

教育孩子是一门艺术，怎样批评并纠正孩子的错误，是有技巧的。关键是要充分尊重孩子，尽量少用斥责的语气，委婉地让孩子明白自己错了，错在哪里，怎么改正，帮助她逐渐成长起来。

 家长课堂

青春期女孩自尊心非常强，所以，父母教育孩子要避免在人多的场合，以保护孩子的自尊心，让孩子在受到尊重的同时接受批评，并认真改正错误。

"我来帮您吧！"——爱干家务的孩子更有未来

如今生活条件好了，很多父母不忍心让孩子吃苦受累，连孩子干点家务活都心疼。有的家长甚至说："只要孩子把学习弄好了，我什么都可以代劳。"殊不知这样就会助长孩子懒惰的不良习惯，也不利于孩子的健康成长。

据调查显示，70%的中学生认为父母的付出是天经地义的。这说是因为父母没有培养孩子做家务的意识和习惯。对此，很多父母发出了这样的抱怨：

"我女儿上初中了，连衣服都不会洗，每次都是我给她洗。"

"我很小的时候，就会帮妈妈洗衣服做饭，现在我女儿都16岁了，连刷碗都不会。"

"我女儿太懒了，从来不帮我做家务活，每次我擦地的时候，她都窝在沙发的一角，一边吃着零食，一边目不转睛地看着电视。吃饭时还得喊她，吃完饭她也从不主动刷碗。让她去做，她还牢骚满腹。"

"女儿上初中了，可是丝毫体谅父母的心都没有。有的时候我工作累了，让女儿帮我倒杯水，她都很不耐烦。要她帮我干家务、洗衣服做饭之类的事情？我想都不敢想。"

好习惯的养成需要时间，要让女孩有帮助父母的意识，不可操之过急，而要采取适当的方法正确引导孩子，否则只会适得其反。

方法一，孩子想要帮助父母时，千万不要打击孩子的积极性。

小彩看电视时，看到电视里的孩子都会帮助父母做一些家务，于是就去找正在做饭的妈妈，说："妈妈，我来帮你打下手吧。"妈妈却说："行了行了，我都快忙死了，你就别在这里给我添乱了，快点出去。"小彩又去找爸爸，爸爸说："我这些事都不是女孩该干的，你去忙你自己的事情吧。"小彩沮丧地离开了。久而久之，小彩想要帮助父母的想法就慢慢变少了，等父母要求她帮忙的时候，她反而开始推却了。

孩子如果提出要帮助父母，父母千万不要拒绝孩子的好意。同时，如果孩子完成得不好，也不要打击孩子，可以对孩子说："你第一次做成这样已经很好了，再多做几次肯定能超过爸爸妈妈。"一定不要吝惜对孩子的赞美，要多夸奖孩子，才能给孩子动力，下一次她才会更愿意帮助父母，做事也会更认真。

方法二，以夸奖的方式鼓励孩子做家务。

玲玲是一个聪明可爱的女孩，但是她又是个十足的"懒虫"。每次父母要求她做家务，她都会找各种理由推脱。父母多次劝说，她都充耳不闻。有一次，玲玲的同学来家里做客，两人把房间弄得很乱。妈妈想让玲玲整理，又怕她推脱，于是就对她的同学说："玲玲是我们家的主人，经常在家帮我做家务，而且完成得很好。"玲玲听了觉得很不好意思，开始主动收拾起房间来。

对于青春期女孩而言，劳动是她认识生活的方式之一。所以，当她对劳动厌烦时，父母要适时引导她的劳动热情，多鼓励她，让她在劳动中体会到成就感，并且让她知道她这么做，父母会感受到她的爱。为父母做一些力所能及的事，是对父母的一种回报，更是对亲情的一种感恩。

家长课堂

在日常生活中,父母要多给孩子提供做家务的机会,让她体会到劳动的意义,感受到劳动所带来的快乐和成就感,从而体谅父母的辛苦,养成良好的劳动习惯并学会感恩。

"我下次一定改正！"——敢作敢当有风度

李华是个很胆小的女孩。很多时候，当她发现自己做了错事时，总是习惯性地将责任推到别人身上，或者找各种借口来为自己辩解。妈妈曾直言指出李华这个习惯很不好，但她总是不以为然，依然"我行我素"。

青春期女孩缺少"敢作敢当"的精神，与其自我意识的快速膨胀不无关系。进入青春期，女孩开始产生一种"我来掌控世界"的愿望和冲动，觉得自己有能力做很多事情，但又容易因为缺乏对事物的正确认知而做错事。这时，她们要强的一面就会表现出来，下意识地否认自己的错误。

青春期女孩习惯性地逃避责任，虽然可以理解，但千万不能纵容。父母应该从小教育孩子：勇于承担责任是一种责任心的表现，同时也是一种美德。父母应选对方法因材施教，让女孩学会敢作敢当。

方法一，父母要做勇于承担的示范者。

周末，萌萌和妈妈一起去超市买东西。萌萌刚进超市就兴奋起来，当母女俩走到蔬菜区时，萌萌拿起一枚鸡蛋打算放到塑料袋里，谁知一不小心，鸡蛋掉在地上摔碎了。周围的人都在忙碌着，谁也没有注意到这一幕。萌萌转身就要离开，装作与自己无关的样子，但妈妈却主动走到超市工作人员面前，说："不好意思,我打碎了一枚鸡蛋。我可以把钱赔给你。"萌萌顿时脸红了,并且认识到,承认自己的错误,其实并不是一件难事。另外,承认错误,承担责任,远比掩盖错误心里要舒服得多。她决定,以后不论大事小事,都要勇敢、诚实地去面对。

由上可知,父母犯错后,也要对孩子诚恳道歉,并积极地承担相应后果。例如,妈妈对孩子许下了承诺却无法实现,妈妈要真诚地道歉,这是一种负责任的表现。这种勇于承认和承担的做法,也会潜移默化地影响孩子,使她成为一个敢做敢当的人。

方法二,父母要给孩子足够的信任和鼓励。

孩子喜欢逃避责任,主要是因为缺乏信任感。在孩子成长的过程中,如果父母给孩子的关爱和理解过少,不信任孩子,经常实施情绪冷暴力,那么孩子就会受到误导,认为"我要是承认错误,一定会没有好果子吃"。所以,父母要多关注并理解孩子。孩子犯了错,不吼叫不打骂,而是心平气和地进行引导。

当女孩主动坦诚自己的错误时,父母一定要赞赏和鼓励她,让她明白主动承认错误、承担责任的精神是可贵的,这样有助于培养她的责任感。

家长课堂

每个孩子都会犯错,培养孩子勇于承担错误的勇气,有助于塑造孩子良好的性格。当孩子做错了事情,不要急于批评和责骂,尤其是当孩子勇敢地承认了错误,父母要从精神上善待孩子,让孩子学会为自己的行为负责,从而培养孩子独立自主、敢做敢当的优秀品质。

"爸爸妈妈，我爱你们！"——爱要大声说出来

吃过晚饭后，采采和妈妈一块看电视。当看到一个小女孩抱着自己的妈妈说"我爱你"的时候，妈妈的眼泪掉了下来。采采不禁笑妈妈的泪点太低。谁知妈妈却叹了口气说："妈妈不是泪点低，而是为人母的人，听到孩子亲口说爱自己，实在是世界上最幸福的事情。"采采听了有点愧疚，她似乎从来没有对妈妈有过这样的表达。

对于每一个孩子来说，父母的爱都像是一条直线，是无限延伸的。而对于父母来说，孩子能够享受自己的爱、体会自己的心，并对这份爱有所回应，是最令他们幸福的事情。很多孩子在小时候，还会时不时把"我爱爸爸妈妈"挂在嘴边，但随着年龄的增长，这种表达也越来越少。到了青春期的时候，她们甚至完全不再提起这个字眼了，取而代之的是争吵、反抗。这常使很多父母怀疑：女儿真的一点都不爱自己吗？

实际上，即使处于叛逆的青春期，孩子对父母的感情依然深厚，只不过这种爱被掩藏在日常生活的平淡中，在青春躁动、冲突不断的矛盾中被忽视了。而越是习惯将爱隐藏起来的女孩，越容易导致与父母关系的僵化。因此，父母要懂得引导孩子发现自己心中的爱，并适当地将它表达出来。

方法一，经常表达自己对孩子的爱，并不断感染她。

菲菲小时候非常可爱，经常对爸爸妈妈说"我爱你"。但自从上了中学之后，她就再也没有说过，和父母的沟通也非常少。爸爸妈妈有些失落，于是商定每天上班之前，都对菲菲说一句："爸爸（妈妈）爱你，希望你拥有快乐的一天。"

刚开始菲菲有些不好意思，但几天之后，她觉得早上接收到爱的表达，一整天的心情都是快乐的。妈妈过生日这天，菲菲抱了抱妈妈，轻轻地说："妈妈，我爱你。"妈妈眼中泛起了泪花。菲菲看着旁边的爸爸，又说道："爸爸，我也爱你。感谢你们对我的付出。"

孩子到了青春期，很多话都会选择放在心里，有关"爱"的字句更是不好意思说出口。父母如果希望孩子能够表达对父母的爱，希望通过沟通来保持和孩子之间的良好关系，就要先开口说出"爱"，使孩子受到感染，最终也说出"爱"。

方法二，爱是陪伴，多花些时间和孩子培养感情。

女孩进入青春期后，心事多了起来，也渴望和别人沟通、探讨。但她们往往不愿意和父母沟通，这多半是因为父母总是摆出管教的姿态，而没有平等地倾听和理解。

如果父母愿意体会孩子的心情，愿意做她心灵的忠实听众，少一些要求和唠叨，相信她还是很愿意与父母相处、沟通的。而随着沟通增多、情感加深，孩子表达爱就不再是一件难事。

家长课堂

父母希望孩子勇敢地表达对自己的爱，首先要向孩子说出父母对她的爱；其次要试着理解，时常鼓励、倾听孩子，使彼此的交流更畅通，感情更深厚，这样一来，说出"爱"就会成为一件自然而然的事情。

 第七章

书山有路，赢在青春起跑线

——给青春期女孩的学习指引

如今，不少孩子觉得不是在为自己而读书，而是为了父母而读书，所以对学习兴趣寥寥。这是让很多父母忧心的一件事。加上竞争日益激烈，孩子面临的压力也更大。很多中学生不禁发出这样的疑问："我到底为什么要读书？读书有什么用？怎么样才能读好书？"对此，父母要让孩子懂得：人生是自己的，学习是为了让自己的人生更加精彩。同时要向孩子传授一些学习经验，使她在学习上做到游刃有余。

"我不喜欢读书。"——知识决定高度

西西的父母给她买了很多书，可西西从来不看。这让妈妈非常担忧，要知道，很多知识都是从书本中学到的，如果没有良好的读书习惯，会导致将来知识匮乏，眼界狭窄，思想狭隘。

法国启蒙思想家孟德斯鸠曾经说过："喜爱读书，就等于把生活中寂寞无聊的时光换成巨大享受的时刻。"阅读对人的影响是非常大的，甚至能改变一个人的生活品质和地位成就。然而，很多青春期女孩往往没有耐心读书，或者不知道如何正确阅读。面对这样的情况，父母更应该正确引导，让孩子养成阅读的好习惯。

通常来讲，孩子不喜欢阅读的原因主要有两个：一是对知识性的东西根本不感兴趣，没有从书本中吸收"营养"的渴望；二是父母不尊重孩子的阅读兴趣，按自己的喜好给孩子选书，从不考虑孩子自己的兴趣。

那么，怎样让孩子爱上阅读呢？

方法一，以身作则，坚持每天读书。

为了给女孩做一个好榜样，父母应当每天坚持读书，让她知道读书是和吃饭睡觉一样重要的事情。很多父母每天抱着手机电脑，怎么可能让孩子有一个很好的阅读习惯呢？父母的言行比说教更有意义、更有效。

方法二，让孩子选择自己喜欢的书。

兴趣是最好的老师，在孩子没有养成阅读的习惯前，只有她感兴趣的

书籍才可以使她安静下来认真地看书。等到孩子养成阅读的习惯以后,再逐渐增加阅读书籍的种类。

方法三,不要在孩子读书的时候打扰她。

孩子能够自己阅读是非常棒的一件事情,一定要尊重孩子,帮助她养成专心阅读的习惯。有时父母过度的关心反而会破坏孩子的专注力。

方法四,周末带孩子去图书馆。

周末的时候,可以带孩子去图书馆感受一下书籍浩瀚的海洋,让孩子坐下来翻一翻自己喜欢的书籍。图书馆里读书氛围非常浓厚,在这样的环境中,孩子会不自觉地静下心来。

方法五,定期举办家庭小型读书会。

父母在家里可以定期举办一些小型的家庭读书会,大家一起分享自己阅读的书籍,并说出自己的感受,这样还能帮助孩子提升表达的欲望。有时可以让孩子主持家庭读书会,也可以锻炼孩子的语言表达能力。

帮助青春期女孩养成良好的阅读习惯,是家庭教育中很重要的一环。父母首先要以身作则,爱看书,常看书;然后循序渐进地对孩子进行引导,鼓励她读一些自己感兴趣的书,慢慢养成经常阅读的好习惯。

"时间还早呢,不用着急。"——管理时间是一种能力

一位家长发出了这样的抱怨:

"女儿刚进入初中,无论做什么都很拖拉,哪怕事情再紧急,她也不慌不忙。她这种做事的态度让我很头疼。比如一项作业,明明十几分钟就可以完成,她总会拖到一个小时,甚至更长的时间。每天晚上她也总是磨蹭到很晚才上床睡觉。我几次三番纠正她这种坏毛病,但是她根本听不进去。"

生活中,很多青春期女孩都有时间管理不善的问题,其中最常见的是拖延、散漫。原因主要有两个:一是女孩时间观念淡薄,认识不到时间的重要性,久而久之便养成了懒惰、拖沓的坏毛病;二是女孩对自己所做的事情缺乏兴趣,动力不足,自然也不会提高做事效率。

苏联著名教育学家苏霍姆林斯基曾经说过:"真正的教育是自我教育,是实现自我管理的前提和基础;自我管理则是高水平的自我教育的成就和标志。"青春期女孩要实现自我管理,必须管理好自己的时间,否则便很难管理好自己的人生。

那么,在青春期这个习惯形成的关键时期,父母应该如何引导孩子合理管理自己的时间,提高做事效率呢?

方法一，利用睡前 10 分钟和孩子一起总结和反省。

"你可以把财富留给孩子，但是你没法给他们留下一秒钟。"这是关于时间的箴言，值得父母和孩子牢记。时间如同生命。为了提高女孩的时间管理能力，父母应当培养和坚持一种习惯，那就是每晚睡前抽出 10 分钟和孩子交流。

一方面，父母要帮助孩子总结当天的事情是否已经完成，倘若完成得好，要给予表扬和鼓励；倘若没有完成，可以问问孩子遇到了什么困难，和孩子一起商讨解决方法。另一方面，父母要协助孩子做好第二天的计划，帮助孩子养成做规划的好习惯。

方法二，引导孩子根据事情的重要性来安排做事的顺序。

云云刚刚过完 12 岁的生日，她是个很有时间观念的女孩，不需要父母的吩咐和安排，就能将自己的生活和学习打理得井井有条。每到周末，云云早晨起来第一件事就是把自己一天要做的事情都写下来。然后，她就按照列好的计划，逐个完成要做的事情。这也使她总能在很短的时间内完成要做的事情，保证学习、休息两不误。

云云父母的经验很值得借鉴。在帮助孩子做计划的时候，父母要让她分清事情的主次和轻重，按照事情的重要性和紧要程度，有次序地完成，这样就能提高孩子的时间管理能力，帮助孩子合理利用时间，提高做事效率。

如果孩子做事懒散、拖沓，父母要有针对性地引导孩子珍惜并管理好自己的时间，和孩子一起找出具体有效的办法，比如养成做计划的好习惯，尽快走出效率低下、懒散拖延的困境。

"我总是不能集中精力。"——成功来自于专注力

欣欣从小就活泼好动，小学的时候她成绩还不错，但升入初中后，成绩便开始下滑。上课时她的注意力很不集中，小动作很多；做作业也不专心，丢三落四，错漏百出。

如果学习时无法集中注意力，将直接影响到听课的质量，影响到孩子对知识的获得和学习成绩的好坏。

一般来说，孩子无法集中注意力，有病理性因素和非病理性因素。如果是病理导致的注意力不集中，父母要及时带孩子就医。如果不属于疾病范围，则可以采取一些有效措施，帮助孩子改掉不专心的毛病。

方法一，定时定量学习。

让孩子在规定的时间内，分阶段完成定量的学习任务。如果孩子专心完成，父母要给予一定鼓励，并给孩子5~10分钟休息时间，再以同样的方式完成后面的学习。当孩子能够做得很好时，可逐步延长一次性集中做题的时间。要求孩子在做题过程中，动笔圈画、每一步确认，防止遗漏出错，这些都可以让孩子感觉"我能集中精力做好一件事"，从而增强孩子的自信心。

方法二，让孩子学会自控。

有一种"自控法"可供父母参考：通过一些简单、固定的自我命令来学会自我行为的控制。比如，给孩子出一道简单的题目让她回答，回答问

题时让她依次完成三个动作：停，停止其他活动，保持安静；看，看清楚题目；听，听清楚要求。最后口述回答。

在训练过程中要注意训练顺序，从简单到复杂；任务的完成时间也要由长到短，自我命令要从少到多。

经过一段时间类似的练习，父母就可以放手让孩子独自控制自我专注力，逐渐养成专注做事的好习惯。

方法三，教孩子学会眼、耳、手、口、脑并用。

上课的时候，学生不是一味地听老师讲，而应该跟着老师讲课的节奏，做到眼到、口到、心到、手到、脑到。会学习的孩子往往能够自如地完成这些步骤，取得最好的学习效果。这样一来，孩子就不会觉得上课时间很长，也不容易分散注意力，学习成绩自然会有所提高。

"99%的努力+1%的机遇=成功"，父母要告诉孩子，如果一个人能一心一意地做事，并把每一件事做好，便可以取得突出的成就。一心一意、始终如一的专注——这就是成功的秘密。

"我不知道接下来要做什么。"——提前计划让学习更有效率

小颖升初三了,她平时的成绩是中上等,正好处于重点中学录取线的边缘地带。她每天早起晚睡,刻苦学习,但是最近几次模拟考试,她的成绩都很不理想。这可把小颖的父母急坏了,不得不向班主任求助。班主任对小颖做了一次家访,发现她学习漫无目的,缺乏计划性。比如,她一会儿学习数学,遇到难题又去学语文,一会儿又去看英语……一晚上的时间,她看似很忙,其实真正学到的东西却很少。

青春期女孩的学业任务重,学习容易陷入忙乱,这与她们日常杂乱无序的学习习惯有密切关系,还可能与父母自身的不良习惯有关。比如,父母在生活和工作中没有计划性,就会不知不觉地影响到孩子;反之,如果父母做事有计划有条理,孩子也会受到熏陶。

中国有句古话:"凡事预则立,不预则废",意思是说,不管做什么事,如果提前做好计划,往往可以取得好的结果,否则就有可能失败。孩子的学习也是一样,需要有所计划。

方法一,让孩子从小事开始锻炼,做出计划。

父母可以每天临睡前 10 分钟和孩子讨论第二天的计划。开始父母可以引导或者帮助她去制订第二天的计划,一段时间后,她便可以尝试独立做好第二天的安排,慢慢地养成制订计划的习惯。

无论事情多小，都要有做计划的意识，让孩子分清主次和轻重，更有条理地处理事情。这不仅可以锻炼女孩做事严谨细心，也能培养女孩的独立思考能力。

方法二，制订学习计划要劳逸结合。

有些父母认为，制订学习计划就是让孩子将每天的时间都充分用在学习上。这种观点是错误的。倘若学习不讲究劳逸结合，孩子在大脑疲劳的情况下，会表现出倦怠、厌学情绪，学习效率反而会降低。因此，在制订学习计划时，一定要让孩子注意劳逸结合，形成一种健康而有规律的生活。

方法三，制订学习计划要将长远计划和短期计划结合起来。

长远计划可以是一个阶段，一年或者一个学期；短期计划则可以是每周、每天，甚至还有临时计划。明确了长远目标和短期目标，孩子就可以脚踏实地，从点滴做起，为学习打好基础。

方法四，让孩子处理与自己年龄相符的事情。

每个年龄阶段的孩子都会有相应的能力，父母要准确评估孩子的承受能力和解决问题的能力，不能一味地大包大揽，剥夺孩子自主解决问题的机会。当父母意识到这件事或许不需要自己代劳，孩子也能处理好时，就应该放心大胆地让孩子自己去做。

孩子的每一次试错，都是一次进步的机会，孩子会从中获得处理事情的经验和教训。

父母在指导孩子制订学习计划的时候，要切合实际，根据孩子的学习能力，确定学习目标。计划制订后还要监督执行，帮助孩子在学习上走向成功！

"我努力了,但成绩还是不好。"——高分无捷径,学习有方法

慧慧是一个学习非常努力的孩子,每天除了吃饭睡觉,其他时间几乎都是在学习。可是,每次考试她的成绩并不理想。

成绩是一个孩子学习能力的体现。很多青春期女孩在学习上明明很努力,可是成绩却总不见提高。其实,这往往是因为缺乏学习方法和技巧。

基本上,学习成绩好的孩子都是有学习方法的。他们不是每天死记硬背,也没有一天到晚不停地学习,甚至有时只花费很少的时间,就能够取得不错的成绩。所以,当孩子在学习上很努力,成绩却一直没有多大提高时,父母一定要注意观察孩子的学习情况,帮助孩子找到适合自己的学习方法。

方法一,教会孩子提前预习。

预习是提高学习效率的一个有效途径。它有几个好处:一是提高听课效率。通过预习,孩子对即将学习的新课能够做到心中有数,这样,听课就变得更有针对性了,有助于抓住课堂学习的重点和难点。二是更好地做课堂笔记。记笔记时可以让本上没有的、老师另外补充的内容,以及自己预习时没能理解的部分。三是培养自学能力。预习时,要独立地阅读、思考,用自己的方式去发现问题、解决问题,独立地接受新知识。四是巩固孩子对知识的记忆。孩子在预习时,对知识已经进行独立思考,听课时就可以进一步加深理解,这样就比单纯依靠听课获得知识的记忆效果好。

方法二，让孩子明白课堂是学习的主阵地。

课堂是老师与学生一起学习、掌握和运用知识的场所。孩子要做到上课专心听讲、做好笔记、认真操练、积极思考。除了老师在课堂上讲授的内容之外，对于老师没有讲到、自己又有疑问的，一定要大胆向老师提出，把问题搞清楚。

另外，老师讲课时应先注意听讲，记笔记要简单、高效，下课后再整理笔记。有的孩子上课时一味地埋头做笔记，对于老师讲的重点反而很难记住。而课后整理笔记，反复思考，有助于更好地掌握老师所讲的重点、难点和考点。

方法三，督促孩子及时复习，巩固知识。

很多孩子记东西非常快，但忘得也快。对此，父母要每天督促孩子复习当天所学的内容，或者隔一段时间对孩子学过的知识进行抽查，帮助孩子加深记忆，同时也能发现孩子的不足，及时弥补。

此外，父母还要引导孩子善于类比，总结知识，把新学的知识与旧知识进行横向、纵向比较和联系；还可以帮助孩子建立错误档案记录，随时翻看，以加深印象，避免再犯同样的错误。

学习不仅要勤奋，更要讲究方法。青春期女孩正处于学习压力大的中学时期，父母要帮助她找到适合自己的学习方法，合理安排时间，从而提高学习效率，达到事半功倍的效果。

"我实在学不好。"——不放弃便是最棒的

娜娜在学习上花费了很多时间,可是效果并不好。她很沮丧,觉得自己实在不是一块学习的料。她哭着对妈妈说:"妈妈,我实在学不好。"看着娜娜痛苦的样子,妈妈也非常心疼,但又觉得无能为力。

在应试教育下,老师和父母大多很看重孩子的成绩,这对一些学习成绩并不优秀的女孩来说,很容易丧失对学习的信心,甚至破罐子破摔。古语有云:哀莫大于心死。学习差不可怕,怕就怕没有信心。对于这样的孩子,父母更要多关心,多引导。当孩子在学习方面流露出自卑情绪,父母要及时沟通,帮助孩子解决问题,千万不要责骂孩子,否则会使她对学习愈加失去信心。

方法一,引导孩子客观评价自己的优点和缺点。

父母要引导孩子客观地评价自己,认识到每个人都有自己的长处,要以积极的方式看待自己,大胆说出"我能行"。同时让孩子认识到,缺点也能帮助自己进步,真正克服"我不行"的错误评价,充分挖掘自身潜力。

方法二,相信孩子,多认可少否定。

在现实生活中,父母鼓励的语言、信任的眼神、肯定的态度,都能给孩子带来被认可的喜悦。孩子在成功时需要父母的肯定和表扬,失败时则需要父母的安慰和鼓励。青春期女孩心理不够成熟,也很脆弱,成绩下降

时，父母否定的言语很容易使她产生自暴自弃的想法。父母要善于捕捉、发现孩子身上的"闪光点"，关注她每一个小小的进步，帮助她树立对学习的信心。

方法三，用小故事给孩子讲大道理。

正所谓"小故事大道理"，故事寓意深刻，往往具有很强的感染力。通过故事来培养孩子的优良品质是一个非常有效的办法。比如希望孩子做事有毅力，可以给孩子讲一些古今中外的名人故事，讲述这些伟人如何吃苦耐劳、坚持不懈，最终取得了成功。这样，孩子会自觉向故事中的榜样靠拢，坚持不懈，直到取得成功。

家长课堂

大量研究表明，女孩良好的个性品质，尤其是自信心，决定了女孩未来的成就。所以，在青春期这个关键时期培养女孩的自信心，具有深远的意义。父母要多关注这一时期的孩子，在适当的时候给予孩子更多的帮助，帮助孩子正确认识自己，对学习、对未来树立信心。

"我不喜欢数学。"——每门学科都有它的重要性

唐唐是个初三女生,每次考试她的语文成绩都独占鳌头,但是她的数学成绩却很一般。虽然她也在努力弥补,但是效果并不是很好。最后,因为总体成绩不够理想,她以几分之差和重点高中失之交臂。

由于思考方式以及对事物的接受能力不同,偏科现象在青春期女孩中较为普遍。然而,知识是一个整体,各科均衡发展才能获得最佳成绩,考取理想的高中、大学。因此,父母应该重视青春期女孩的偏科问题,此时孩子的可塑性很强,若能找出偏科原因,有针对性地进行引导,便能避免让差科成为影响整体的短板。

方法一,帮助孩子认清偏科的危害。

青春期孩子接触的中学教育是基础教育,这一阶段不仅是培养孩子兴趣的最好时期,也是孩子全面了解各门课程的重要阶段。父母要让孩子明白,各门课程的学习,在培养能力和发展智力的过程中担负着不同的任务,缺一不可。缺少了任何一门课程的学习,都不可能形成完整的知识结构,长此以往,会影响孩子全面、协调的发展。另外,偏科最明显的影响就是会导致孩子原本的优势也无法凸显出来,因为成绩差的科目会将综合成绩拉下来,直接影响孩子的考试总体水平。认清了偏科对自己的影响,孩子才会重视那些原本不喜欢、不擅长的科目。

方法二，发现孩子有偏科现象时要及时纠正。

一个妈妈这样说：

"我发现女儿偏科是在初二，那时女儿刚刚接触物理，可能她的逻辑思维能力比较弱，导致她的物理成绩非常差。每次考试，别的科目她都能考中等以上，物理成绩则每次都是班里的倒数。

"我和女儿讨论这事时，她说她不喜欢学习物理，觉得物理太难了。我从网上订购了一些父母带孩子做物理小实验的物品，打算通过实验让女儿找到学习物理的热情。刚开始她都不愿动手，但我操作几次后，她也慢慢产生了兴趣。"

父母在纠正孩子偏科的问题时，应该结合本科目的特点。上述案例中，妈妈用了做实验的方法来引发孩子对物理的兴趣。同样的，如果孩子不喜欢历史，父母可以给孩子讲讲古代故事，以引发其对历史的好奇心；如果孩子不擅长学习英语，父母可以给孩子找一些经典美剧来看，让孩子在欣赏影视作品的同时燃起对英语的学习兴趣……

青春期女孩的大脑和神经系统接近成熟、完善，是能力发展的关键时期。对孩子来说，各门学科是互相联系、融会贯通的，如果学习上出现"瘸腿"现象，将影响个人长远发展。所以，孩子的偏科问题应引起父母的高度重视，争取让孩子的各科成绩齐头并进。

青春期女孩的逻辑思维能力相对较弱，对于中学阶段理科课程的学习往往不是那么得心应手，时间长了还可能对之失去信心。对此，父母要让孩子认识到每门课程都有其不可替代的作用，从而下决心克服困难，努力学好每一门课程。

"我总是记不住。"——记忆力是智力发展的基础

某班开完家长会后,班主任身边围了一帮家长,七嘴八舌地讨论着:"我女儿最近眼神涣散,课文背不下来,问她东西也是一问三不知,不知道怎么回事。最近听一位心理医生朋友说催眠能提高记忆力,这是不是真的呀?"

"孩子记忆力不好,晚上背的单词,老师第二天听写,她都写不出来,这可怎么办?"

"现在都初三了,孩子记忆力不好,成绩上不去,急死我们了。"

……

孩子学习效率不高,往往与他们的记忆力下降有关系。研究发现,女孩通常对那些形象鲜明,能引起自己兴趣的事物印象深刻,但是往往记得快,忘得也快。而且,女孩记忆的精确性是随着年龄的增长而提高的,同时因知识和经验的限制,女孩很少对事物的内容进行深入分析,而只是机械地识记事物的表象。

针对女孩的记忆力特点,父母可以尝试以下方法来帮助孩子提高记忆力:

方法一,有的放矢——明确近期记忆目标。

学习是需要有目标的,这是成功改进记忆效能的一个前提和基础。为了

确立记忆的近期目标，父母可以让孩子把长远目标划分成若干个近期目标，一个一个地实现，一个一个地递进。这样，每当达到了一个近期目标，孩子就会增强信心，改进记忆效能，提高记忆速度。等孩子达成了所有的近期目标后，追求的长远目标也就胜利在望了。这个时候，由于长远目标的靠近，会更有力地刺激记忆效能，有效提高记忆能力。

方法二，在理解的基础上进行记忆。

德国著名心理学家艾宾浩斯在做记忆的实验时发现：为了记住 12 个无意义音节，平均需要重复 5 次；为了记住 36 个无意义音节，平均需要重复 54 次；而记忆 6 首诗中的 480 个音节，平均只需要重复 8 次！这个实验告诉我们，凡是理解了的知识，就能记得迅速、全面而牢固。不然，一味地死记硬背，只能是费力不讨好。

理解记忆是以理解内容为前提的。父母可以利用一些实例或是有趣的故事，加深孩子对需要记忆的内容的印象，这样记忆起来就容易多了。

方法三，教给孩子一些高效的记忆方法。

良好的记忆力与天赋有关，但是后天培养的作用也不容忽视。许多教育学家和心理学家总结出了一套科学的记忆方法，如图像记忆法、联想记忆法、歌诀记忆法、辨异记忆法、故事记忆法、分类记忆法、列表记忆法、系统记忆法、卡片记忆法等。父母应全面了解这些记忆方法并向孩子推荐最适合使用的方法，当孩子灵活运用，形成习惯，就会获得最佳的记忆效果。

家长课堂

记忆力是影响女孩一生的智力因素。当女孩出现记忆效能低、成绩下降的情况时，父母应寻求科学的记忆方法，缓解孩子心理压力，创造和谐、宽松的学习氛围，对孩子进行相应的训练，帮助孩子走出学习的困境。

"我很笨，肯定学不好。"——笨鸟也可以先飞

有个女孩在日记中倾诉了自己的苦恼：

"我是一只老师口中常说的'笨鸟'，无论做什么事情，我都慢人一拍。我现在试着每次都先人一步'起飞'，比别人付出更多的努力。我想成为老师眼中的优等生、父母心中的好孩子……"

实际上，正常孩子间的智商差异并没有那么大，很多孩子觉得自己笨，学不好，往往不是天资差异所致，而是与努力的程度和努力的方向有关。

那么，如何才能让孩子树立对学习的信心，找对学习方法呢？下面的几个小方法可供父母参考使用：

方法一，给孩子讲一些奋发向上的故事。

父母可以给孩子讲一些成功人士努力拼搏、战胜困难和挫折的故事，让孩子从中得到启发。还可以结合自己的例子，或者用孩子身边的例子去激励她，告诉她，笨鸟先飞，勤能补拙，勤奋努力能扬长补短。

方法二，带孩子到激励人奋发上进的地方去看看。

很多女孩都知道学习是为了考大学，可大学究竟是什么样，她们心中没有概念。对此，父母可以带孩子到知名的高等学府转一转，让她感受一下浓厚的文化氛围和独特的魅力，从而产生向往和憧憬，带着理想目标去学习。

方法三，引导孩子与自己比较，树立自信心。

很多女孩觉得自己笨，觉得自己怎么努力都不行，更不敢妄想自己将来能考上什么好大学。这可能与父母总是拿女儿和其他孩子比较有关。正确的做法是让孩子自己跟自己比，在自己身上下工夫，而不是在跟他人比较上下功夫。父母要和孩子一起分析她的优势，使她逐渐确立自信。

另外，父母不要打击孩子的自信心。比如，当孩子说起未来的理想时，父母千万不要说"就你的那个成绩，是不可能的"或者"你那么笨，怎么能成功"之类的话，要鼓励孩子勇于树立理想，并为之而努力。

家长课堂

青春期女孩说自己笨，也许是因为缺乏自信，也许是对学习缺乏兴趣，对此父母要分析深层原因，根据实际情况引导孩子树立自信，重新燃起对学习的希望。这个过程是漫长的，不可操之过急，而要经常鼓励孩子，让她懂得笨鸟也可以先飞，只要努力到位了，努力方向对了，就能取得好成绩。

"我要是考不好怎么办?"——平淡看待考分,缓解"考前焦虑"

月月是一名高二的学生,学校和家里都早早地进入了"备战"状态。现在她每天的任务除了学习还是学习,而且天天都有摸底测试,她感觉每次考完试都像跑了几千米那么累。现在一看到考试通知,她就感到前所未有的紧张和难受。上周的摸底测试,她居然没有及格,这更加剧了她害怕考试的心理。

这种考前焦虑由应考情景引起,主要表现为紧张、忧虑、不安、烦躁等心理情绪。而处于青春期的女孩都喜欢争强好胜。她们面对考试就和成年人面临重大的考验一样,会表现出紧张的情绪。适度的紧张会给女孩动力,从而刺激到她的神经系统,激发她的兴奋度,以较好的状态应对挑战。但如果压力过大,父母又处理失当,就很容易让女孩产生考前焦虑的现象。

还有两个月就要高考了,为了让楠楠考上理想的大学,妈妈特意召开了一次家庭会议,布置了高考前几个月的安排。妈妈准备让远在外地的姥姥过来照顾楠楠的起居,争取让楠楠将全部精力都投入到学习中;妈妈自己也会在考前请一个月的假,专门照顾楠楠;家里近几个月的花销重点向楠楠倾斜,全力做好后勤保障工作……

楠楠本来心态比较平和,并没有觉得高考有多么可怕。但是,全家人如临大敌般的应对，反而让她愈发紧张和焦虑，担心自己考不好会辜负父母的期望和付出。

上述案例中，妈妈的做法显然平添了孩子的压力，加重了孩子的焦虑情绪。对父母来说，还是应该保持平常心，给予孩子适当的空间，多听取孩子的想法。

方法一，不要给孩子设定标杆。

有些家长喜欢拿彼此的孩子进行比较，然后对自己的孩子提出些标杆式的要求，甚至以此讽刺和挖苦孩子。

这样的比较和刺激，会增加孩子的紧张情绪，甚至导致孩子因为害怕承担考试失利的后果而采取不理智的行为。

方法二，关心要适度。

有些家长为了让孩子复习时不分心，特意把家中的电视、电脑全关了，甚至不敢大声说话。事实上，这些看似为了给孩子创造良好学习环境的做法，反而给孩子制造了很大压力，加重其焦虑情绪。因此，父母关心孩子要适度，最好采用孩子能接受的方式来表达。

方法三，多与孩子沟通。

心理学家建议父母要多跟孩子进行情感上的沟通和交流，让孩子知道父母会永远支持她，这能极大地增强孩子的信心。值得注意的是，父母不可盲目地鼓励孩子，否则只会适得其反，给孩子制造压力。每逢周末，可以带孩子出去活动，这样既能拉近亲子关系，也能帮助孩子放松身心。

父母应引导青春期女孩不要太重视考试结果，不要给自己太大的压力。同时让孩子要重视过程，在努力的过程中不断获得经验和成长。这样可以帮助孩子减轻压迫感，保持平常心。

"我刚进考场，学过的东西就全忘了。"——考前怯场需有效减压

芊芊平时学习很用功，考试成绩也不错，但一到大考就不行了，她一进考场就心里发慌，脑子一片混乱。但如果老师把考卷发给她，让她在家里做的话，几乎每道题她都会做。这让芊芊和父母都非常着急，却又不知道该怎么办。

现实生活中，很多孩子都或轻或重地存在考试"怯场"的心理。怯场是一种短暂性心理失常的现象，是由于各种原因造成情绪过度紧张所导致的。具体表现为原来已经记得很熟的知识或题目短暂遗忘，严重的还可能出现头晕、目眩、心悸、恶心等症状，结果造成考试失利。

考前怯场如果得不到缓解，将严重影响孩子的学习成绩。那么，父母应该怎么帮助孩子缓解压力呢？

方法一，父母要保持平常心。

小丽马上就要高考了，多日来紧张的学习让她濒临崩溃。可是，父母每天下班回来都会问她："准备得怎样了，有没有把握？"这让小丽感觉要窒息了一样。

这天，妈妈兴冲冲地从包里拿出一件红色的T恤，对她说："你看，我特意给你准备了一件红色的衣服，考试的时候，你就穿着它，一定会给我们带来好运气的。"小丽终于控制不住自己的情

绪，冲着妈妈大喊了一通，夺门而去。

考试前夕，父母首先要做到不给女孩制定过高的目标，也不要频繁地在孩子面前提及考试成绩。父母越是频繁地强调，孩子的紧张情绪就会越强烈。同时也不要在孩子考试前做过多的物质准备，以免增加孩子的心理负担。

方法二，引导孩子做一些积极的心理暗示。

2000年天津市高考文科状元说："良好的心态是同档次考生间比拼的法宝。"他总结了一套心理备战经验：一要放下一切思想包袱，切忌迷信、盲从。不要总去惦记考试结果，不要荒唐地臆造出失败的假象。二要学会主动适度地进行"自我心理暗示"，即自我认同和自我鼓励。张宇介绍说，当时他就不时地告诉自己"实力很强"。因为他人的赞扬或许还带有些许奉承和虚假的意味，而潜意识的自我激励肯定会事半功倍。

考试怯场的孩子常常会给自己消极的心理暗示，影响在考场的发挥。对此，父母要引导孩子进行积极的心理暗示，如告诉自己："我能行！""我能应付这个考试。""我准备得很充分，一定能考好。""有点紧张没关系，慢慢就会好了。""放轻松，我一定能行！"

方法三，帮助孩子客观评价自己。

害怕考试，归根结底在于不够自信。考试前，父母可以和孩子一起聊聊她的兴趣爱好、参加过的活动、获得的奖励，让她换个角度评价自己。比如，当孩子说自己喜欢画画，设计的卡通人物受到美术老师的表扬时，她的信心就会大增。同时，这些考试之外的兴趣，可以在一定程度上转移孩子的注意力，缓解她的焦虑情绪，有助于她重新肯定自己，以最佳状态迎接考试。

家长课堂

考试怯场，在青春期女孩中非常常见。怯场可能导致孩子"提笔忘知识"，严重影响孩子的考试成绩并使其产生挫败感。所以，父母要及时通过各种途径帮助孩子释放压力，战胜恐惧，从容对待考试。

"学习一点意思也没有。"——让学习成为一种兴趣

一位班主任说:"不少同学向我抱怨,现在学的东西有什么用啊?解析几何、立体几何这么难,生活中也用不到啊。而且,这些东西一点意思也没有,我看着就头晕,就想睡觉。"

一位妈妈说:"孩子不想读书,理由是读书没意思,每天对着课本看那些文字,无聊极了。不如出去痛快地玩一会儿,甚至不如立刻去打工挣钱。"

很多父母想必也有这样的苦恼:孩子在小学时期很听话,成绩也不错,脑子里没有什么杂念。但上了初中之后,孩子似乎和学习成了"死对头",感觉什么都比学习有意思。如果孩子抱着这样的心态,是不可能学习好的。要想取得好的成绩,对学习的兴趣必不可少。因为有了兴趣,才会产生主动学习的动力和强烈的求知欲望,进而取得优异的成绩。

那么,父母应该怎样提升孩子对学习的兴趣呢?

方法一,多方面培养孩子的兴趣爱好。

先从简单的兴趣爱好开始,然后再多方面进行培养,包括体育、唱歌、书法、钢琴以及绘画等。有了兴趣,孩子可以在学习中触类旁通,将好的学习方法运用到语文、数学、英语等的学习中,做到他山之石可以攻玉。

父母要做的就是给孩子一定的空间,让她去发展自己的兴趣爱好,这就好比给孩子充电一样,能使她在学习时动力更足。

方法二，营造愉快舒心的学习环境。

对于很多孩子来说，学习是一件枯燥乏味的事情，如果父母还一个劲地施加压力，一天到晚督促孩子学习，那么，孩子会变得焦虑、不耐烦，甚至出现厌学情绪。所以，要让孩子爱上学习，首先要给她一个宽松愉快的学习氛围。

方法三，给予孩子鼓励和表扬。

青春期女孩自尊心很强，需要得到鼓励和肯定，所以，当孩子取得了点滴成绩，父母不要吝惜表扬。有了家长的鼓励，孩子会倍感自豪，学习的兴趣也就更浓。同样，当孩子考试失利，父母要表达理解和支持，鼓励孩子下次努力，使孩子不会因为一次失败而丧失学习的热情和动力。

言传不如身教，父母热爱学习可以给孩子塑造良好的榜样。有时孩子约束力差，父母可以陪伴孩子一同战胜散漫、拖拉等不良习惯。此外，青春期女孩渴望获得认可，父母可以利用这种心理，让孩子在学习中体会到成就感，从而激发她对学习的兴趣。

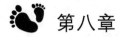

第八章
自尊自爱,花季女孩的自我保护

——给青春期女孩的安全引导

生活是美好的,我们应该让孩子相信这个世界上有真善美的存在,然而,再好的天气也有风,再平静的海面也有暗流,我们相信美好,但也应该为孩子筑起一道保护的城墙。尤其是尚处于青春期的女孩,就像一朵娇嫩的鲜花,一不小心便会掉进危险的陷阱,甚至付出惨重的代价。所以,父母要做好花季少女的护航工作,给她一些爱的提醒,让她学会防范生活中的危险,保护好自己,享受最美好的年华。

"我该怎么自救?"——未雨绸缪从容应对

生活中总有意外事故发生,懂得自救或急救是非常重要的。

露露和琳琳都是高中一年级的学生,又是门对门邻居,两人几乎形影不离。一天深夜,她们所住的楼层有一户人家发生了煤气爆炸,大火瞬间燃起,整个楼层乱成一团。露露被惊醒后,立刻动员家人用湿毛巾捂住嘴和鼻子,还指挥爸爸把被子淋湿,先背着奶奶下楼;随后,她和妈妈一起从火海中冲了出去。最终她们一家人都平安无事,顺利脱险。

而琳琳被大火和人们慌乱的叫喊声惊醒后,下意识地抱起被子从窗户往下跳,结果把双腿摔断了。

上例中,琳琳在面对突发险情时,不能镇定地应对,缺乏必要的安全常识,结果受到了很大的伤害;而露露因为了解火灾安全常识,在遭遇突发情况能够镇定地应对,还勇敢地指挥家人,使全家顺利逃生。

由上可知,相对于突发事件的不可预测性和不可抗拒性,父母对孩子进行预见性的安全教育显得尤为重要,要让孩子知道如何防范与化解这些危险。

方法一,教给孩子安全小知识。

(1) 平常要向孩子灌输"有了生命安全才拥有一切"的自我保护意

识。教育孩子遇到危险时首先要保持冷静，然后想方设法脱离危险环境，而不要盲目地冒险。

（2）教会孩子一些自我保护的方法，比如发生火灾、煤气泄漏、地震等灾害时应该怎么做，还要教育孩子严格遵守交通规则、在体育活动中注意安全等。

（3）告诉孩子日常生活中保证自身安全的注意事项：上学、放学、外出时尽量走大路，少走小路，最好结伴而行；如遇坏人，尽快避开，跑向人多的地方，同时大声呼救；看到有人溺水要大声喊人，因为孩子的泳技还无法达到救人的水准。

（4）对陌生人要保持警惕，在公共场所遇到坏人有不轨行为时，应立即躲开，并向周围的年长者求助。

方法二，让孩子看一些相关的科教节目或者书籍。

孩子往往对枯燥的说教没有兴趣，父母可以增加孩子了解相关知识的途径，比如利用周末带孩子去看相关的科教电影，通过电影中生动的讲解和案例，让孩子了解遇到危险该如何自救；或者给孩子买一些相关书籍，让她在阅读中积累相关知识。

生活中难免会发生意外，未雨绸缪很有必要。父母要在日常生活中告诉孩子一些实用的安全常识，如何自救或急救。这是一个长期、持续的过程，需要父母耐心、细致地进行引导。

"我就是忍不住割伤自己。"——内在的痛比外在的疼更需要关注

周五放学回家后,上初中的女儿跟妈妈聊起一件事:她们班里有一个女同学自残,拿刀划伤了自己的胳膊,还发了朋友圈,配上一段伤感文字。后来听说那个女生是因为感情问题而自残的,好在一段时间后她自己想开了,没有再折磨自己。

说起自残,绝对令大部分人闻之色变。家长更是无法理解,不明白孩子好好的,怎么就自残了呢?

青春期的女孩,身体发育非常快,但心理发育相对滞后。她渴望独立,但是又离不开父母,内心会存在很多的矛盾感和不确定感,于是就会通过各种方式来找自我认同感。如果产生了自我认同危机,她会用一些独特的行为方式来确定自己的确定感,甚至跟父母对着干。其实她这样做内心也很痛苦,不知道怎么处理,最后选择割伤自己,用身体的疼来转移内心的痛。

相比于外伤,家长更要关注孩子内在的痛。发现孩子自残以后,父母一定要沉着冷静,谨慎处理:

方法一,先整理好自己的情绪,不要指责批评。

父母要先让自己的情绪平稳下来,不要用批评指责的方式来表达关切。这样不仅没有给予孩子关心,反而会更伤孩子的心,导致情况恶化。

父母应该第一时间检查孩子的伤口,如有必要赶紧到医院急诊处理。

同时安抚孩子的情绪,等孩子情绪平静之后,再用温和的语气询问孩子,了解孩子自残的真正原因,然后进行对症的疏导。

方法二,不要担心暴露自己的"无助"。

让孩子知道,父母看到她自残时的感受,比如说:"我看到你用刀割手腕,特别心疼,因为……"说话最好以"我"开头,谈自己的感受以及她的行为对父母的影响。不要用"你"开头,因为那样会带有指责批评的意味。

方法三,与孩子平等交流。

孩子有自残行为一般是有情绪想要发泄,想获得他人的关注。这时父母要以平等的态度认真与孩子沟通,先体会、确认她的心情,安慰她,让她说出她的需求,共同寻求解决方法。可以以具体事件为契机和孩子进行沟通,了解最近一段时间发生了什么。尽量以聊家常、商量的方式和孩子交流,让孩子感觉到自己是被充分尊重的。

如果孩子有频繁的自残行为,应该尽快带孩子去正规医院诊断,及时寻求医生的帮助。

家长课堂

如果女孩有自残行为,父母千万不能掉以轻心,以免酿成悲剧。父母要学会换位思考,感孩子之所感,痛孩子之所痛。不轻易地被孩子的情绪所击退,温柔而坚定地面对孩子,孩子一定会感受到来自父母的爱与力量,并以此作为超越成长困境的动力。

"这东西能让我变漂亮！"——健康的美才是真正的美

15岁的莎莎开朗活泼，食欲也一直不错，但最近她突然不爱吃饭了，妈妈以为她身体不舒服，准备带她去医院看看。谁知莎莎却说自己正在减肥，还偷偷地喝减肥茶。妈妈说："好好的为什么要减肥啊？你又不胖。"莎莎说："女孩瘦了才漂亮，我同桌比我还瘦，也在减肥呢，我怎么能不减呢？"一段时间后，莎莎看上去脸色憔悴，精神状态很差。

俗话说，爱美之心人皆有之，这在青春期女孩身上表现得尤为突出。但是，青春期女孩的思想和认知还不成熟，为了追求美，她们往往忽略了方法是否科学、健康。现实中有很多触目惊心的案例，给尚处于发育阶段的女孩的身体造成了很大的伤害。所以，父母要引导青春期女孩树立正确的审美观，理智地追求美，不能以牺牲健康为代价。

方法一，引导孩子树立正确的审美观。

父母要让孩子知道什么是美，真正的美是健康的，而且每个人都有自己独特的魅力，这种魅力是融合了修养、知识和阅历的，不是仅仅靠外表的夺目来吸引人。

方法二，让孩子了解自己的身体。

父母要让孩子了解自己的身体，让她明白正处于发育阶段的身体还没有完善，需要细心呵护。

方法三，帮助孩子丰富课余生活，培养兴趣。

进入青春期的女孩喜静不喜动，父母要鼓励孩子多运动，利用学校的体育课或其他课余活动时间锻炼。可以选择运动量和强度较小、对抗性不大的运动，如自行车、羽毛球、乒乓球、轮滑等。当孩子培养起活动兴趣，既能锻炼身体，性格又会随之开朗起来，变得更加自信。

人人都喜欢美的事物，但是美的内涵广泛而深刻，不应该仅仅停留在感官的愉悦上，更重要的是内心的丰富。父母要培养孩子健康的审美观，耐心和孩子交流，让她懂得什么样的美是健康的、恒久的，从而保护好自己，健康快乐地成长。

"我要离家出走!"——盲目追求自由会付出代价

这天,白雪回家又晚了,爸爸又担心又生气,训斥了她一顿。但白雪一点后悔和愧疚也没有,反而比爸爸喊得更大声:"我能回家就不错了!你以为我想回来吗?我早就在这个家待够了!"爸爸妈妈被她的话吓了一跳:家里的气氛一直挺好的啊,没有给她什么压力,她这是怎么了?

倘若我们对青春期女孩进行一次采访,想必会有近一半的女孩在"酝酿"从家里逃跑的计划,甚至不止一次产生过立刻就从家里离开的想法。青春期是一个特殊时期,女孩由对家人的依附、信赖,逐渐转变为对自我的期待;对家庭的感觉也由安全逐渐转为厌倦。这是青春期女孩自我意识膨胀,希望寻求独立空间和自由而产生的"副作用"之一。另外,父母因为对青春期女孩叛逆的不适应,动辄批评训斥,甚至大打出手,也是青春期女孩渴望离开家庭的一个重要原因。

青春期孩子离家出走的原因很复杂,但是,如果有了父母的爱和信任、尊重和理解,很多问题都可以迎刃而解。

方法一,适时充当"不闻不问"的父母,给孩子充分的自由。

妈妈帮小玲收拾房间的时候,发现了她写的一篇日记:"爸妈最近真是太烦了,我所有的事情都要过问。我已经是个上初中的大孩子了,不需要他们像对待幼儿园小孩那样对待我。我真盼着早点离开这个家。"妈妈有点吃惊,没想到平时不爱说话的女儿心里竟然藏着这样的感受。当天晚上,她和丈夫达成了一项协议:与孩子交流时少问问题,多说一些轻松愉快的话题;不唠叨,不给孩子过多的压力。

或许父母觉得自己对待孩子的态度没有变化,但父母要认识到,步入青春期的孩子生理、心理都在发生巨变,不再需要父母的嘘寒问暖、事事安排,这对她来说就像是一个无形的枷锁,父母逼得越紧,她就越想逃。因此,父母不妨跟着孩子的变化而变化,孩子不喜欢自己过于"热情",那就适当表现得"冷漠"一点,给本来就烦躁的青春期孩子降降温。

方法二,让孩子用沟通的方式来解决问题,而不是逃离。

梦梦和爸爸又发生了口角,这次爸爸没忍住心中的怒火,说出了很伤人的话。梦梦气得摔门而出,在外面游荡的时候,她收到了爸爸发来的短信:"女儿,爸爸对刚才的事情感到愧疚,很后悔对你说了那样的话。我在这里诚心向你道歉。本来我抹不开面子,但我告诉自己,逃避不能解决问题,我必须要面对它。希望你也能赶快回来面对,我们一起解决问题。"梦梦看完短信,毫不犹豫地转身朝着家的方向走去。

如果父母对家里出现的问题避而不谈,尤其是和孩子之间的问题,也会影响到孩子处理事情的态度,逐渐养成遇事就想逃避的心态。因此,父母要给孩子做一个好的榜样,营造直面问题、积极处理问题的家庭氛围,这也能在一定程度上减少孩子在青春期想逃离家庭的念头。

方法三,告诉孩子可能会造成的严重后果。

很多青春期女孩负气离家出走，往往没有想过可能造成的后果。父母要把危险提前告诉孩子，一时的冲动可能会带来难以预料的后果。倘若遇到坏人，或者遭遇意外，该怎么办？父母还要让孩子知道，无论父母说过什么、做过什么，有时可能方法不恰当，但父母的出发点都是因为爱她。

面对青春期女孩强烈的逃离欲望，父母不妨告诉她，自己很理解她，但逃离绝不是最好的方法，而是会令自己后悔、令家人担心的举动。父母要和女孩诚恳地沟通，如果确实父母有错，要勇于认错，和孩子一起商讨解决问题的方法。

"她总和我过不去。"——远离校园欺凌

琪琪是个初一女生,她最近表现有点奇怪,经常向家里要钱,还找各种理由不去上学。有一天,妈妈突然发现她手臂上有新伤,也有旧伤,就问她发生了什么事,琪琪这才支支吾吾地说,学校里有高年级的孩子总是欺负她,找她要钱,如果不给钱就打她,还叫她不准告诉家里。有时因为从家里拿不到钱,她害怕遇见她们,就撒谎不去上学。妈妈听了,又心疼又气愤。

近年来,校园欺凌时有发生,而且有愈演愈烈的趋势,给原本宁静的校园蒙上了一层阴影。其中以高年级学生欺负低年级学生最为常见,通常是索要财物,一旦对方不能满足自己的要求,便会拳脚相向。

一次次的校园欺凌事件,会给青春期女孩造成了一种不良的暗示:邪恶比正义更有力量,武力比智力更有价值。这是很危险的观念,有些孩子可能会找自己眼中"更厉害"的人来保护自己,从而结交"不良少年"。

另外,据一份调查显示,在学校受欺负的孩子会比其他孩子更容易患上抑郁症。荷兰莱顿大学从事这项研究的费克斯博士指出:"被欺负的孩子不但容易有心理疾病,而且这些疾病让她们更容易受欺负。"

欺凌的形式有很多,有身体欺凌、言语欺凌、网络欺凌、性欺凌等。父母要帮助孩子及早认识、理解欺凌行为,杜绝欺凌行为的发生。

方法一，提前普及关于欺凌的知识。

引导孩子判断欺凌行为，学会区别不同类型的欺凌行为，有的欺凌不易察觉，但伤害性却更严重更深远。要让孩子明白攻击性行为对他人的伤害，严格自律，做到不欺凌别人，也不被别人欺凌。

方法二，及时寻求帮助。

如果孩子有稳定的朋友圈，面对攻击性行为，可以和朋友一起逼退欺凌者。所以，在学校打造良好的人际关系至关重要，能增强对抗欺凌的力量，摆脱被欺凌的地位。当然，家人、老师等都是孩子可以充分利用的人脉，应及时求助。

方法三，教会孩子正确处理人际关系。

心理学家认为，在受到欺负之后，一味地忍让、回避是不行的，这时候应该自尊自强，才能获得平等和尊重。父母应该教孩子正确处理人际关系的办法，比如可以当面问问欺凌者欺负自己的原因，平时在班级中注意和同学搞好关系，如果再发生此类事件，可以告诉老师和家长，以正当的方式面对面地解决问题。

家长课堂

父母平时要多与孩子沟通，提高对孩子的关注度，尤其对孩子的一些反常行为和受伤情况要及早发现。当发现孩子遭遇暴力时，要先了解情况，告诉孩子可供选择的自我保护方法，并及时与学校联系，共同商讨对策，必要时还可寻求法律的保护。还给孩子一个纯真、快乐的世界，是为人父母者的责任。

"我要和朋友一起去酒吧玩。"——出入适合自己年龄的场所

琳琳是一名初二的学生,有一次,一个校外的朋友邀请她到酒吧去玩。琳琳怀着好奇心,和那个朋友一起来到了酒吧。其间,朋友去卫生间,将琳琳单独留在吧台,正当琳琳无所事事的时候,一位帅气的小伙子走到琳琳身边,并递过来一杯饮料,说是请她喝。琳琳毫无防范地喝了,然后开始头晕,幸亏朋友及时赶来,把她送回了家,否则后果不堪设想。

爱玩是孩子的天性,随着年龄的增长,她们更加羡慕并愿意融入外面的花花世界中。但是,对于尚未成年的女孩来说,那些光怪陆离的娱乐场所往往充斥着很多青少年不宜的东西,尤其对花季少女来说危险更大。

此外,青春期的女孩还处在成长阶段,心智尚不成熟,有时会盲目地进行模仿,有的孩子还会学娱乐场所表演者的语言和神情,如果这样的行为没有得到及时制止和引导,长期下去就很可能产生恶劣的负面影响。

所以,关于孩子出入娱乐场所的问题,父母要注意以下两点:

方法一,出入娱乐场所要和信任的朋友一起去,并且注意衣着,打扮得体。

青春期女孩爱美丽,开始注重自己的打扮,尝试像大人那样穿上象征成熟的衣服,希望自己成为人群中的焦点。对此,父母应提醒孩子,在娱乐场所,尤其是酒吧、KTV,不要穿太短的裙子或者太暴露的衣服。同时

一定要和自己信任的朋友在一起,千万不要落单。

方法二,父母尽量避免去娱乐场所。

婷婷的妈妈是一家公司的销售代表,由于工作关系,她常常会去酒吧、唱吧等娱乐场所应酬,经常很晚回家。最近,婷婷妈妈发现,婷婷放学后总是很晚才回家。经过观察,原来婷婷是和同学、朋友去娱乐场唱歌了,妈妈顿时火冒三丈,但婷婷却理直气壮地说:"不是你经常去这种地方吗?为什么你可以去,我去放松一下就不可以呢?"

由上可知,父母在日常生活中,一定要注意自己的应酬方式和业余爱好。要想让孩子拥有良好的行为习惯,父母必须端正自己的言行,保持积极、健康的生活方式,这是对孩子最好的教育。

青春期女孩好奇心很强,成人的世界对于她们有着巨大的吸引力。但是,她们尚未形成成熟的世界观和价值观,对成人行为的盲目模仿,使她们过早接触到了不好的东西,养成不良的习惯。对此,父母要引导女孩做适合自己年龄的事情,多去图书馆、公园等场所,放松心情,享受学习和生活。

"他说需要我的帮助。"——不可轻信陌生人

放暑假后，静静常常一个人待在家里。有一天，突然有人敲门，静静透过猫眼，看到门外站着一个相貌和蔼的中年男子，于是就隔着防盗门问他有什么事情。男人说自己是楼上的邻居，他将公司的紧急文件和钥匙都落在家里了，想通过静静家的阳台爬到自己家去。静静看他很着急，本来想开门，但她想了想，决定先打电话问妈妈，妈妈嘱咐她千万不要开门。晚上妈妈回家后告诉静静小区有失窃的消息，她不禁庆幸自己没有上当。

青春期的女孩天性善良，自我防卫意识差，尤其当陌生人求助时，她们通常会热情地帮助对方，这一点往往会被居心叵测的坏人所利用，导致危险发生。

对于"陌生人搭讪"这个问题，父母一定要提醒女孩注意防范、慎重应对。

方法一，与孩子进行相关的模拟训练。

芳芳是一名初三的学生，外形已经很像成年人，但是她性格单纯，缺乏防范意识。所以，妈妈很注意帮助她提高自我保护意识，经常与她进行这方面的情景训练。

比如，妈妈会问她："芳芳，假如我和爸爸都不在家，有陌生

人来敲门,你会怎么办?"芳芳回答说:"我一定不给陌生人开门。如果他需要帮助,我可以打电话给物业或者隔壁的叔叔阿姨,让他们帮忙解决。"妈妈又问她:"那么,如果是爸爸妈妈的同事或者朋友呢?"芳芳想了一下说:"如果是你们的朋友,我就可以开门了。"这时,妈妈告诉她:"即便是爸爸妈妈的朋友,也要打电话给我们,经过确认再决定是不是要开门。"此外,她们还就路上遇到陌生人等类似的情景进行了模拟演练。

案例中妈妈的做法很值得借鉴,与单纯的说教式教育相比,这种方法更容易让女孩接受,也可以更好地教会女孩提高对陌生人的警惕性,增强自我保护意识。

方法二,告诉孩子遇到危险要懂得求助。

女孩独自上学或放学时,如果遇到陌生人搭讪,一定不要理会,但也不要激怒对方。可以观察一下周围有没有可靠的熟人,如果有的话,要尽快与他们结伴而行;如果没有,可以尽量向周围的成年人靠近,这样有助于打消陌生人的不良企图。

父母要告诉孩子,乐于助人当然值得表扬和鼓励,但对陌生人一定要时刻保持警惕。如果遇到陌生人问路或要求带路,一定要和对方保持一定距离,最好告诉对方:"我是孩子,请您去问大人。"

孩子只有增强自我保护意识,不轻信陌生人的话,才能在脱离了家庭的"保护罩"后,依然知道如何保护自己。

家长课堂

青春期女孩心理防范意识薄弱,在遇到陌生人时往往缺乏自我保护意识。父母要引导孩子提高警惕,学习一些遇到危险时的求救方式,并让孩子看些相关案例,从中吸取教训,远离不法之徒的侵害。

"我中大奖了!"——天上从来不会掉馅饼

"QQ经常提示我中了大奖,每次我都非常兴奋,当我按照提示一步步注册、登录后,发现对方回复要我先打钱过去,但是等我打完钱后,就再也没有消息了。后来才知道,原来这些所谓的中奖都是骗局。"

"我在学校一直都希望能让学习更上一个台阶,所以,每当看到电视、网络上神奇记忆法、速算心法之类的广告,就忍不住央求爸爸妈妈给我买回来。结果钱花了很多,那些神奇的产品也没能起到特殊的效果,真让人伤心。"

……

生活中的诈骗信息铺天盖地,就连社会经验丰富的成年人都防不胜防,更何况是涉世未深的青春期女孩。她们非常容易被眼花缭乱的骗术所迷惑,从而丧失判断力,最终被坏人利用。对此,父母要时刻提醒孩子不要相信"天上掉馅饼"的好事,避免上当受骗。

方法一,不要妄想不劳而获。

一个高二的女孩在路边看到了一个招聘女模特的广告,广告里说:"只要你想当模特,就一定可以梦想成真。"于是,她拨打了广告上的电话进行咨询。按照对方的要求,她将自己的照片和详细信息邮寄到了招聘模特的公司，然后心情忐忑地等待着消息。几天后，她收到了一条短信，上面写道："恭喜您已经入选模特，排名12，我们将为您安排第一场模特秀，需要您邮寄参赛费用500元。银行卡号：×××××××"女孩激动不已，从同学那里借来钱凑足500元后打了过去，从此对方便杳无音信。后来，女孩的父母和同学们都知道了这件事，她才知道自己被骗了。

类似的例子还有很多，不管骗子的手法多么幼稚，骗术多么漏洞百出，但是总有人上当受骗。为什么呢？主要是因为青春期女孩容易异想天开，在面对金钱、名利的诱惑时，不能全面地思考问题，做出了错误的判断。

针对青春期女孩的心理特点，父母一定要告诫孩子：天下没有不劳而获的好事，如果你遇到了，那一定是个骗局，千万不能相信，也不能有任何想要尝试的心理。

方法二，教会孩子识别骗术。

当女孩收到中奖信息，父母可以教她通过正规网站查询，核实详细信息，这样骗局就很容易识破。另外还可以通过其他方法来识破骗术，比如：破绽漏洞法，骗局终归是骗局，只要仔细分析、推理就可以发现骗局中的破绽；语气表情洞察法，一些骗子在行骗的时候，语气和表情会不自然，要仔细观察、辨别，一旦发现问题就断然拒绝；电话号码和说话声音分析法，一般骗子所留电话多为私人号码，有些骗子说话会带地方口音，稍加分析就可以识破他们的骗术。

家长课堂

如今社会上的骗局越来越难识破，骗术越来越高明，而步入青春期的女孩单纯善良，很容易成为骗子的目标。对此，父母一定要告诉孩子，"天下没有免费的午餐""天上不会掉馅饼""占便宜的事情不能做"，并且要多和孩子沟通，以便及时发现问题。

"我摇到了一个好友!"——慎用社交软件

14岁的丽丽缠着妈妈给换新手机。妈妈很不理解,去年为了方便联系,随时可以找到孩子,他们给丽丽买一部手机。刚拿到手机时,丽丽乐得跟什么似的,这才不到一年,她怎么就急着要换新的?丽丽嚷道:"我这个只能打电话、发信息,早就落伍了!班里的同学都用上智能手机了,既能上网,还能摇一摇交好友!"

随着智能型手机的普及,随之而来的便是各种社交软件的兴起。这对青春期女孩来说,无疑充满了莫大的吸引力。但这种现象的背后却充满了危险性。据调查显示,48%的受调查者表示接到过手机色情短信,27%接到过骚扰电话,而很多刑事案件的发生都与社交软件有关。

相关专业人士表示:"青少年群体对于新事物的接受程度快、活跃度高,已经成为移动网络安全风险的高危群体,我们必须帮助青少年安全地使用移动设备,并懂得如何分辨什么是该和什么是不该的分享。"

那么,父母可以做的是:

方法一,让孩子知晓社交软件背后的危险。

小诺的父母给她买了智能手机,因为父母平时陪她的时间很少,小诺为了打发时间,下载了好几个社交软件。有一天,她用微信的"摇一摇"认识了一个男生,两人相谈甚欢,还约定一起去唱歌。妈妈发现后,便暗中跟随她,发现这个网友言行举止不当,妈妈赶紧把小诺带回了家,并且用实际事例告诉小诺这样的情况有多危险。从那以后,小诺便很少用社交软件了。

青春期女孩对于社交软件的认识还停留在好玩、刺激的认识上,而没有意识到不谨慎使用它会带来的安全隐患。对此,父母要随时关注女孩的社交软件使用情况,培养其自我保护意识,不要通过社交软件随意结识和接触陌生人。

方法二,教会孩子一些网络安全知识。

很多智能移动终端都具有地理位置标示等个人信息分享功能,这些功能可能会在无意间暴露私人信息。父母要让孩子关闭可能暴露个人信息的功能,防止人身安全受到侵害。此外,不要轻易地加陌生人为好友,以免暴露自己的个人信息,给自己人身财产带来安全隐患。

包括社交网络在内的很多移动应用都有年龄适用限制,从而避免青少年过早接触一些超龄的信息。父母要配合监督青春期女孩遵守规则,还可以借助一些科技手段,合理限制青春期女孩的社交软件使用权限等。

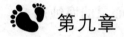

第九章

乐观从容,让好心态生根发芽

——给青春期女孩的价值观和人生观引导

青春期不仅表现为身体的成长,更体现在心智的成熟上。没有心灵的成长,人生便不会精彩,更谈不上成功。青春期女孩正处于价值观和人生观的塑造阶段,乐于接受新鲜事物,也在汲取崭新的人生经验和体会,从中获得宝贵的人生智慧。而父母的任务是帮助女孩从小树立正确的价值观,培养良好的心态,让她从容地走好人生之路。

"我也要买名牌鞋子!"——爱慕虚荣是孩子美好心灵的腐蚀剂

"有时我跟孩子聊天时会说到,你们班很多同学的家长比我们有钱,但他们的家长未必都像我们这样了解自己的孩子,也未必像我们这样用心关注自己的孩子。"

"女儿慧慧今年上初二了,有一天她吵着要手机,我看很多学生都有,就答应她了。你猜她怎么说?她说要买最新款的,不能比别人的差。其实,不只这件事,在吃、穿上她也处处和别人比。她现在一半的心思都在攀比上,你说我们做家长的该怎么办呢?"

这是一个家长沙龙上的家长发言,从中可以看出攀比心理在青春期女孩身上非常普遍,父母们也很关心这个问题。

青春期女孩刚开始用自己的眼睛观察生活,难免会有一些迷茫,一旦看到别人拥有某样东西或在某方面超越自己,就会自己也想拥有或超过别人。她们想和其他同学一样拥有手机、名牌服装,以获得认同感和优越感;她们担心受到排斥,想和同学有更多的共同话题,这些都情有可原。

她们不断地追随周围人的脚步,表现出来就是攀比。如果不及时进行正确引导,最终可能导致孩子心灵的扭曲。那么,父母应该怎么做呢?

方法一,父母自己不要攀比。

青春期女孩爱攀比的习性,大多是平时受父母的影响,比如父母经常对孩子说"邻居家的孩子学习成绩比你好"、"某某房子比我们家大",慢慢地，孩子就会经常跟别人比，如果学习比不上，就会比一些物质上的东西。所以，父母要注意自己的言行举止。在表扬孩子的时候，也要集中在品质表扬上，少用物质奖励，让孩子树立正确的价值观。比如谁最爱劳动、谁最爱干净、谁最爱帮助别人等，这样孩子无形中就树立了良好的价值观。

方法二，让孩子了解家庭情况，避免物质攀比。

青春期女孩到了一定年龄，对人生已有了模糊的认识，如看到别人的爸爸有名车，就会想："我爸爸为什么没有？"看到别人穿名牌，也会很羡慕。父母要警惕孩子的这种攀比心理，时常提醒她，别人的成功是靠别人努力得到的，自己想要得到必须要努力。如果孩子总爱攀比，想要名牌，父母可以跟孩子聊聊家庭实际情况，让她知道父母挣钱的辛苦，不可能事事满足她。

方法三，引导孩子将攀比化作动力。

青春期女孩有攀比心理，一定程度上说明孩子内心有竞争意识，想达到别人同样的水平或超越别人。父母可以抓住孩子的上进心理，改变她攀比吃穿、攀比消费的倾向，引导她在学习、才能、毅力、良好习惯等方面进行攀比。如果女孩倾向物质攀比，可以引导她比谁存的零花钱多、比谁的小发明多等，将她的注意力转移到正能量方面，激发其上进心。

青春期女孩爱攀比，其实是想要证明自己、表现自己，对此，父母要让孩子了解自己的优点，树立自信心。在理解孩子攀比动机的前提下，积极引导孩子比成绩、比能力，避免掉进物质攀比的陷阱。

"我今天帮助了一个同学。"——付出永远比索取快乐

赠人玫瑰，手留余香。帮助别人，为人付出，是一件快乐的事情，也是一种正能量的传递，对社会的发展非常有意义。

一个风雪交加的夜晚，一位名叫克雷斯的年轻人因为汽车"抛锚"被困在郊外。正在他万分焦急的时候，一位骑马的男子正巧经过这里，二话没说便用马帮助他把汽车拉到小镇上。事后，克雷斯拿出钱表示酬谢，那个男子说："这不需要回报，但我要你给我一个承诺，当别人有困难的时候，你也要尽力帮助他。"自此以后，克雷斯主动帮助了许许多多的人，并且每次都转述那句同样的话给所有得到他帮助的人。

许多年后的一天，克雷斯被洪水困在了一个孤岛上，一位勇敢的少年冒着危险救了他。当他感谢少年的时候，少年竟然也说出了那句克雷斯曾说过无数次的话："我不需要回报，但我要你给我一个承诺……"克雷斯胸中顿时涌起了一股暖流：原来，我穿起的这根关于爱的链条，连接了无数的人，最后回到了我手上。我一生做的这些好事，全都是为我自己而做的！

现代家庭独生子女很多，很多孩子独自享受着父母的爱，习惯了接受帮助、照顾和关心，不懂得分享、帮助和感恩别人。这样的孩子自私冷漠，没有朋友，长大以后也很少能得到别人的帮助，对成长非常不利。

那么，父母应该怎样引导孩子学会关心和帮助他人呢？

方法一，父母要做好榜样。

热心助人的父母往往会有一个热心助人的孩子。父母要时刻以身作则，尽力帮助需要帮助的人。比如，为贫困地区的孩子捐助学习用具、参加志愿者活动、帮助邻居照顾小狗等。这些事情，父母可以带着女孩一起参加，让孩子体验帮助别人的快乐。

方法二，给孩子布置帮助别人的任务。

青春期女孩在体力各方面与成年人区别不大，可以放手让她力所能及地去帮助别人。比如为邻居或者同学做点有益的事情，照料宠物，做饭，教更小的弟弟妹妹做游戏……这些都可以培养孩子乐于助人的品质。孩子刚开始做这些事情时也许会害羞，不主动，父母要鼓励她，温和而坚定地支持她。

方法三，庆祝孩子所取得的成就。

当孩子完成志愿服务工作或是帮助别人之后，父母要主动和她交流一下感受，了解她从中学到了什么或得到了什么愉快的体验，并对她的出色表现给予肯定和表扬。还可以为女孩的成长小小庆祝一下，比如给她买一件礼物等，以这种方式告诉她付出的快乐和意义。

方法四，鼓励孩子把自己帮助别人的事情写下来。

父母可以让女孩将自己助人的事情记录下来，包括时间、地点、具体事件，以及感受等。假如父母也一起参加了，可以用相机帮孩子记录下来，并把照片汇集成册。日后回顾这一切的时候，孩子会对自己的付出以及取得的成绩感到自豪。

家长课堂

在培养青春期女孩帮助别人的意识时，父母要言传身教，同时为她提供接触社会、关心和帮助他人的机会，布置一些任务，让孩子得到正面的反馈，从中获得快乐和成长，并养成良好的品质习惯。另外要注意引导孩子在力所能及的范围去帮助别人，不要逞强，使自己陷入危险的境地，比如去救溺水的人。

"我可以战胜困难。"——凡事乐观,战胜挫折

语文一直是菁菁引以为豪的科目,这次她代表学校参加了全市的作文大赛,但却发挥失常,没有取得理想的名次,这让她感到十分沮丧。她把自己关在房间里,不去上学,甚至连饭也不肯吃。父母看在眼里,急在心上,但怎么劝说都无济于事。

进入青春期后,女孩的生活开始丰富起来,有更多的机会接触新鲜事物,获取新的经验,所以难免会遭遇失败和挫折。尽管失败不可避免地会给她们带来强烈的挫折感,但是成功也是在一次次挫折中孕育出来的。

青春期的女孩自尊而敏感,细腻而多疑,特别在意外界对自己的看法,渴望得到认可,获得成功。一旦失败,情绪就会极度失落。

对此,父母要及早对青春期女孩开展挫折教育,让她对失败和挫折有个正确的认识,从而在遇到失败时能够坚强、乐观地面对,并把它当做前行的动力。

方法一,以坚强、乐观的人生态度引导孩子。

《阿甘正传》是部很有名的电影,电影中的主人公阿甘先天智商只有75,小时候腿上还绑有支架。他的妈妈是一个性格坚强的女性,当所有人都对阿甘投来异样的目光的时候,妈妈对他说:"如果上帝爱每一个人,会给每一个人绑上支架的。"阿甘凭着上帝赐予的"飞毛腿",开始了一生不停地奔跑。后来,阿甘成功了。他虽然智力低下,但是母亲乐观的人生态

度感染了他，也成就了他。

父母在困难和挫折面前表现出来的态度对孩子的影响非常大，倘若父母遇事沉着、冷静，能乐观、豁达地对待挫折，也会对孩子产生积极的影响。所以，父母要注意控制自己的不良情绪，以乐观向上、沉着冷静的精神积极摆脱困境，引导孩子用正确的态度应对挫折。

方法二，锻炼孩子的自主能力。

父母通常都担心孩子受挫折，凡事提前为孩子安排好，但这样一来，当孩子遇到父母不能帮忙而自己又做不好的事情时，便无法应对了。所以，不要害怕孩子遭遇困难，应让她学会承担力所能及的事情，锻炼其独立能力，磨炼意志，这样才能使她受益终身。

方法三，引导孩子正视失败，坚强面对。

父母要帮助女孩正视失败，让她知道失败和挫折并不可怕，可怕的是一蹶不振，只要有信心和勇气，有不服输的劲头，就一定可以战胜挫折。

此外，父母要引导女孩在遇到困难时，不要闷在心里，要主动向老师、同学或亲友倾诉，争取别人的理解与帮助，这样可以帮助女孩减轻挫折感，增强克服挫折的信心。

有一所学校的校训是：从绝望中看到希望，人生终将辉煌！挫折教育要从小开始，父母要引导女孩树立战胜挫折的信心，以乐观的心态去面对生活中的坎坷，做个有理想、肯努力的好孩子。

"我不想坐在第一排。"——态度决定高度

音乐课没有固定座位,大家都是自己选座位。小欣发现大家都会选择后排的座位,很少有人主动坐第一排。

一次音乐课,音乐老师问大家:"同学们,你们谁能告诉我一下,为什么没有人选择坐前排的座位?"

下面的同学你看看我,我看看你,小欣低声说了句:"可能是因为坐在前排有压力吧!"

音乐老师说:"这样,我来给大家讲一个故事吧。有一个教授做过这样一个实验,12年前,他要求他的学生进入一个宽敞的大礼堂,随便找座位坐下。反复几次后,教授发现有的学生总爱坐前排,有的学生则盲目随意的坐,还有一些学生似乎特别钟情后面的座位。教授分别记下他们的名字。12年后,教授的追踪调查结果显示:爱坐前排的学生中,成功的比例高出其他两类学生。"

"爱坐前排的学生成功率高,是因为他们更容易被看见。被看见,才更有价值。他们有着更强的求知欲、更强的实现自我价值以及更强的展示自己的心态,因此也有了更多成功的机会和机遇。这就是积极的态度决定成功的高度。"

"我希望同学们将来都能成功,所以我希望你们下次上音乐课的时候都能坐到前排的位置。"音乐老师讲完之后,过了一个星期,同学们再上音乐课的时候,小欣惊讶地发现坐在前排的人多

了很多，这让音乐老师很欣慰。

其实，在日常的很多场合中，很多人都喜欢坐后面的位置。青春期的女孩情绪、性格极不稳定，不愿意坐在第一排，这反映了一种人生态度。如果让大家在教室里自己挑选位置，选择前排是需要莫大勇气的，因为坐在前排，就意味着身先士卒的责任。坐在后排的时候，就会放松自己，躲避老师的视线，或者躲避老师提问，但这样下去，会变得越来越被动。

对此，父母应该引导女孩树立一种积极向上的人生态度，敢于坐在前排，自觉地要求自己积极参与，从而得到更多的机会。

方法一，给孩子传递正能量。

父母可以给孩子讲这样的故事。英国著名的政治人物、有着"铁娘子"之称的撒切尔夫人，从小就在父亲的严格要求下，将永远坐在前排当作自己的人生态度。这样的人生态度让她在一年的时间内学完了五年的拉丁文课程。以后的学习、生活和工作中，她时时牢记父亲的教导，抱着必胜的信念，披荆斩棘，以自己的行动践行着"永远要坐在第一排"。

方法二，让孩子明白，坐在第一排并不是要永远做第一。

敢于坐第一排，并不是说一定要做到最好，而是让自己表现出一种积极向上的态度。只有保持这样一种不甘落后、敢为人先的态度，遇到事情时才不会逃避、不会退却，积极面对。树立明确的目标，勇于坐在生活的前排，才能被看见，才能更好的实现自我价值。

父母应该要让孩子懂得，态度决定高度。一个有勇气坐在第一排的人，将来也一定勇气面对生活中的其他困难。要抱着一往无前的精神和不服输的劲儿，尽自己最大努力克服一切困难，做好每一件事情。积极的人生态度可以给予我们无穷的动力，使我们达到人生顶峰。

"钱是万能的吗?"——正确的价值观让孩子受用一生

丽莎是一名初三的学生,家境清贫。她看到班里家境优越的女孩穿着品牌衣服,拿着苹果手机,再看看自己从地摊上买来的衣服,少得可怜的零用钱,心里十分沮丧。

价值观是人生的基石,是成功的前提。一个没有良好价值观、没有正确态度的学生,即便进入了名牌大学,他的成功概率也一定是零。的确如此,一个人只有树立了正确的价值观,才会有正确的人生态度和生活方式。

处于青春期的女孩如果没有一个正确的金钱观,思想便会被拜金主义所扭曲,会不思学习,急于求成,追求物质享受,有的甚至会因为金钱而走上犯罪的道路。那么,父母应该如何引导女孩树立正确的金钱观呢?

方法一,让孩子意识到金钱不是万能的。

金钱在生活中很重要,但它并不是万能的。父母可以给孩子举生活中的一些例子来说明,比如,金钱可以买到药物,但它买不到健康的身体;金钱可以买到书籍,但是买不到知识。还要让孩子知道,有些人虽然穷,可是很有骨气,正所谓"人穷志不穷",比那些为了金钱而罔置人格于不顾的人高尚多了。

方法二,告诉孩子"君子爱财,取之有道"的道理。

如果孩子不懂获取金钱的正确方式,很容易误入歧途。父母要让孩子明白,金钱是靠辛勤的劳动获得的,没有人可以不劳而获。

玛丽夫妇和四个孩子生活在一个小型农场，共同分担农场的各种工作，包括饲养动物、监督挤奶以及记账等。农场赚到钱后，利润就在家人之间进行分配，连最小的孩子也能拿到一部分利润，大些的孩子能多拿到一点。孩子得到的钱可自由支配，用于支付自己所需要的开销，如买文具、玩具、书籍等。最大的孩子用自己的钱买衣服、交电话费。父母负担所有的生活必需品和家庭开销。不过，孩子的零花钱也随着农场的盈亏状况而有所增减，当农场的利润下降时，孩子能得到的零花钱也会相应减少。

玛丽的做法让孩子从中明白，金钱是自己辛勤劳动换来的，每个人都是家庭的贡献者，从而提高了孩子的成就感。

方法三，教会孩子合理使用金钱。

孩子不懂合理使用零花钱，花钱大手大脚，会渐渐产生享乐心理，特别影响学习。当孩子拥有数额较大的零花钱时，父母应该代为保管，用时支取，引导和教育孩子把钱花在有意义的事情上。直到孩子养成良好的消费习惯后，再把钱交给她自己掌管，慢慢学会理财。

家长课堂

对于青春期女孩，父母不能动不动就用金钱去鼓励她，给她太多可以自由支配的金钱，这会使她产生"金钱万能"的错误观点。父母要在日常生活中教育孩子合理获取并运用金钱，建立正确的金钱观，学会合理花钱，科学理财。

"老师说真诚是一种美德。"——真诚待人得人心

法国著名思想家拉罗什福科曾经说过:"真诚是一种心灵的开放。"真诚的眼睛是清澈的,真诚的声音是甜美的,真诚的态度是和缓的,真诚的行为是从容的,真诚的举止是优雅的。人人都喜欢真诚的人,讨厌虚伪的人,处于青春期的女孩更要学会真诚待人。

下面是一位女孩的亲身经历:

"初二分班时,我和露露分到了同一个班级。有一次上体育课,我不小心把胳膊摔折了,医生建议我卧床休息,这怎么行呢?一向争强好胜的我坚决不同意。这时,露露来了,她主动承担了照顾我生活起居的任务,上课还帮我记笔记,把我照顾得无微不至。如果没有她真诚的帮助,我真不知道该怎么办才好。和她相处感觉特别轻松愉快。我知道,友谊的种子已经开始生根、发芽了。"

心理学家告诉我们,一个人只有真诚地待人,才能建立良好的人际关系,心理才能正常发展,性格才能积极、健康,生活才有幸福感。有的女孩到了青春期,由于不善交友,不真诚待人,时常感到孤独,从而对自己没有信心,厌恶学校生活。那么,父母应该怎样引导孩子克服这种不良情绪呢。

方法一，引导孩子真诚地关心和帮助同学。

希望得到别人的关心和注意是所有人的心理需要。当孩子感觉周围的同学对自己十分关心时，心里便会有一种温暖、安全的感觉，就会充满自信和快乐，同时她也会去关心别人。这样，相互间就容易形成亲密友好的关系。这对培养女孩真诚的性格十分重要。

方法二，让孩子学会换位思考。

当女孩站在对方的角度，设想一下对方的感受，就会自然而然地产生真诚待人的想法，毕竟每个人都需要温暖，每个人都不希望遭遇欺骗。女孩从中会懂得只有真诚对待他人，才能赢得他人真诚对待自己。

女孩在实践中懂得了真诚待人的魅力，有助于她形成阳光乐观的性格，和谐地与人相处，收获更多朋友。

真诚待人是对青春期女孩的一种素质要求，女孩养成的真诚待人的习惯会让她受益一生，有助于她构建和谐的人际关系，更能帮助她体会到幸福的感觉，培养良好的心态，充满自信地面对生活。

"理想是什么?"——让梦想照亮人生之路

曾经有一项针对中学生理想的抽样调查,在随机抽取的400名学生的调查问卷中,仅有1/10的孩子能够清楚地说出自己以后想做什么,并且对未来有着清晰的规划。由此可见,大多数青春期孩子对于自己的理想是模糊的、不确定的。

对此,父母要多了解自己的孩子,帮助她发现自己的兴趣和特长,引导孩子树立切实可行的目标,在目标的指引下踏实前进。

生活中,很多青春期女孩因为缺乏信念和梦想,心灵无所归属,只是单纯地为了考试名次而努力。当名次达到自己的预期目标后就开始失落,无所适从。

理想对于青春期女孩非常重要。当女孩对未来感到迷惘,没有理想和信念时,父母应该怎么做呢?

方法一,引导孩子树立远大理想。

云蕾刚上初二,妈妈在学习上从不给她施加过多的压力,而是从她的兴趣爱好中去发现她的理想。经过观察,妈妈发现云蕾对画画很感兴趣,还经常自己找些画家的传记来读。妈妈问她是不是想将来做个画家。云蕾说她自己也不清楚,只是喜欢画画。这以后,妈妈开始利用假期和周末带云蕾到美术馆、展览馆去看画展,还给她报了一个美术班。后来,云蕾真的成为了一名艺术生，在画画上投入了很多精力。

对青春期女孩来说，她们的想法多变，也许前一刻还想着成为作家，后一刻就想成为科学家了。所以，父母要帮助孩子寻找兴趣所在，结合自身实际情况，找到自己的奋斗目标。

方法二，帮助孩子确立切合实际的理想。

虽然学校也进行理想教育，但是抽象的思想教育与现实生活脱节，女孩无法从中获得多大启发。所以，父母要根据自己的人生经验，帮助女孩确立切合实际的理想。首先，理想要与孩子的爱好挂钩；其次，理想要与孩子擅长的领域挂钩；最后，理想还要与孩子的实际情况相符。

方法三，引导孩子用实际行动实现梦想。

当女孩确立梦想后，父母要鼓励她以实际行动靠近梦想。比如，想成为工程师，就要加强数学、物理的学习；想成为一名作家，就要多读书、多写作。还可以让孩子参加大型社会活动，增长见识，培养创新能力、行动能力。通过参与现代社会生活，孩子会发现人生的意义与价值，并建立自己的抱负与理想。

对青春期女孩来说，通往理想的道路是遥远的，但理想的起点就在眼前的学习与生活中。一旦女孩确立积极向上的目标，就会为自己的理想而努力奋斗。当然，青春期女孩的情绪不是很稳定，确立了梦想后可能坚持不了多久。遇到这种情况，父母要心平气和，多给孩子时间和机会，让孩子的理想在现实中得到不断的修正和完善。

引导青春期女孩树立自己的理想，是使她快乐生活、努力向上、健康发展的重要途径。父母要重视孩子的理想教育，让她明白确立理想的重要性，并引导她树立切合实际的理想，提供实践的机会，一点一点地为实现目标而努力。

"我该选择哪一个呢?" ——懂得选择，善于放弃

我们时常会听到孩子说：

"每次别人问我想去哪儿玩的时候，我通常会说'去哪都行！'然而一旦别人说了，又不合我的心意。"

"做选择是我最讨厌的事情了！"

"我宁愿永远不做选择，因为我常常哪个都不想放弃。"

……

很多青春期女孩因为不懂得选择和放弃，遇事常常犹豫不决，甚至采取回避的态度。而做事瞻前顾后、缺乏决断能力，常常会错失良机。

下面这个寓言故事会带给我们一些启发：

法国哲学家布里丹养了一头驴，他每天都到附近的农民那里买一堆草料喂它。有一天，送草的农民出于对哲学家的仰慕，额外多送了一堆草料，放在驴的旁边。这下可好了，毛驴站在两堆与它距离完全相等的草料中间，不知该如何选择。虽然它有充分选择的自由，但是因为这两堆干草价值相等，客观上无法分辨好坏，于是，它左看看、右瞧瞧，始终无法分辨究竟哪一堆更好。于是，这头可怜的毛驴就站在那里，一会考虑数量，一会考虑质量，一会分析颜

色,一会分析新鲜度,迟疑不决,反反复复,最终在无法选择中活活地饿死了。这就是人们所熟知的"布里丹毛驴效应"。

每个人在生活中也经常会面临各种抉择,如何选择是人生成败的关键,因此人们在抉择之前反复分析利弊,举棋不定。然而,在很多情况下,机会不等人,时间有限,一定要当机立断。如果犹豫不决,往往会"竹篮打水一场空"。

所以,父母要注重培养青春期女孩的决断能力,让她在做出决策和处理问题的时候,要看准时机,及时做出选择。一旦发现问题,还要及时止损,及时修正。

方法一,多给孩子鼓励和支持。

当青春期女孩遇事犹豫,想要依赖他人的时候,父母不要急于给出答案,而要引导她说出自己的想法。即便她的看法很幼稚,也要对她的态度给予肯定,然后帮助她进行完善。

方法二,提出的要求尽量具体、明确。

通常而言,模糊不清、过于笼统会让女孩感觉不知所措,不知道该怎么处理,所以,父母要提出具体、明确的要求,尽量让她清楚地知道该怎么做。

举例来说,要求孩子把作业写完才能出去玩,那么完成的标准就要具体一点,比如正确率达到90%等。

家长课堂

优柔寡断、举棋不定,是成功的大忌。父母要引导青春期女孩在做事前充分做好准备,果断、及时地做出决策,否则就有可能错失良机,后悔莫及。

"他那样说对吗?"——是非观是约束行为的尺子

放学后,佳佳自己骑自行车回家,在经过一个路口时,她打算转弯,恰好遇到一个年轻女子要过马路,佳佳没及时刹住车,不小心碰到了对方。年轻女子认为是佳佳骑车没看好路,但佳佳却没有向对方道歉,而是怪道路坡度太大才导致意外发生。

随着年龄的增长,掌握的知识越来越多,青春期女孩开始有了自己的观点和想法。她们开始质疑父母和别人的话,以自己获取的信息为标准。虽然她们认为对的事情实际上是错的,但是她们仍然固执地按照自己的是非观做事。长此以往,孩子就会以自我为中心,一些事物的好坏、对错都由自己的喜好来判断,变成一个自私自利的人。

我们都知道,处在黄金教育期的孩子往往受父母影响巨大,这是由她们的心理特点决定的。那么,父母如何帮助孩子建立是非观呢?

方法一,父母以身作则。

父母应该以身作则,通过一些事情亲自示范给孩子,让她从父母身上找到正确的做事方法。如果父母一边告诉孩子不要乱扔垃圾,一边又随手将纸扔到地上;一边告诉孩子要排队,一边又随意插队……这样的行为又怎么会让孩子形成正确的是非观念呢?

方法二,孩子犯错不纵容。

不溺爱孩子一定要做到一点——孩子犯错不纵容。女孩做事,什么是对什么是错，父母必须明确指出，犯了错一定要批评教育，不能不了了之，但要注意教育的方式。

方法三，真诚交流，告诉孩子什么是对，什么是错。

青春期女孩都有一点叛逆，当她做错事时，父母要选择合适的场合，告诉女孩哪些做法是不合适的，会产生什么样的后果。不注重场合的指责，会伤害孩子的自尊心。只有真诚地交流，摆事实讲道理，才能帮助女孩认识到自己的错误。

孩子需要成长，而成长也意味着不断的犯错和改正。父母要在孩子心中播下善良、正义的种子，然后静待花开。

 家长课堂

青春期是女孩的黄金教育期，引导孩子建立自己的是非观极为重要。如果父母忽视了孩子的认知需求，错过了最佳的教育时期，那么孩子就很难形成正确的是非观，将养成许多不良习惯，影响到一生的发展。

"我感觉很糟糕。"——苦与乐都是生命的馈赠

人们常说,一个心态积极的人常能心存光明,即便身陷困境也能坚强地走出阴霾,用愉悦和创造性的态度迎接未来。然而,积极乐观的心态并非与生俱来,它与个人的性格、经历和努力程度密切相关。

青春期女孩正处于人生的起步阶段,如果总是沉浸在阴郁愁苦之中,就很难有所成就,也很难被人欣赏。所以父母要培养孩子乐观活泼、积极向上的性格。这种性格是最具有生命活力的。具体实施时,可参考以下做法:

方法一,做乐观的父母,给孩子传达乐观思想。

乐观具有很强的感染力,父母乐观处世的态度就是孩子最好的教科书,所以,父母要以身作则,让孩子正视逆境,鼓励她为实现自己的目标而奋斗。当孩子遇到困难和挫折的时候,父母要借用各种实例传达积极的情感。

13岁的小米要和妈妈一起外出旅行。刚踏上长途旅程时,小米有点担心,一直问:"妈妈,钱带得够不够?""火车晚点怎么办?""晚上到达目的地,没有人接我们,我们会不会遇到坏人?"妈妈安慰她说:"不用这么担心。我跟你一般大的时候还独自旅行过呢,一个人去上海找你外公,在火车上待了十几个小时。妈妈那时候什么也不怕,因为社会上好心人很多。"小米听了妈妈的话,表现出一脸的崇拜。在火车上,小米的表现大大超出妈妈的

预期，她不再担心这个担心那个，还与同车的孩子相谈甚欢。下车后，小米还拉着妈妈的手问："我们什么时候再坐火车啊？"通过这次旅程，妈妈用乐观感染了小米，使小米也变得乐观起来。

方法二，营造和谐、宽松的家庭氛围。

研究表明，在和睦家庭中成长起来的孩子，成年后愉快生活、健康成长的概率比在不幸家庭中成长起来的孩子要大得多。所以，父母要注意自身言行，给孩子正面、积极的影响，不论工作有多忙，都要尽量抽出时间来陪陪孩子，让孩子感受到父母的爱。有了父母温和而坚定的爱的支持，孩子自然会乐观积极起来。

方法三，鼓励孩子参加各种活动，扩大交际圈。

有意义的活动能让女孩变得乐观、开朗起来。在活动中，女孩能体会到成功的喜悦，从中建立对自己、对社会的信心。女孩的交际圈扩大了，接触的人和事多了，心胸自然就开阔了。此外，在培养女孩乐观性格的过程中，友谊起着十分重要的作用，父母要鼓励孩子多与同龄人交往，让乐观向上的朋友影响带动她。

青春期女孩只有树立积极向上的心态，才能变得坚强、乐观，接受命运或好或坏的安排，勇敢前行。

青春期女孩看待问题的角度往往还不成熟也不全面，父母要告诉她，任何事物都是两面的，要学会辩证地看待问题，多看事物积极的一面，以乐观向上的心态去面对人生中的困难和挑战，接受生命的馈赠。

"我的一切是谁给的?"——富足的人生源于感恩

16岁的少年博士张某某,向父母提出在北京全款买房的要求,引起了社会的关注。经了解,平日里他也是我行我素,倘若父母没有顺从他的意愿,他甚至会让父母"闭嘴"。他没有意识到父母辛辛苦苦一路支持他考博付出了多少,反而向父母提出不可能实现的要求。他所缺少的,就是一颗感恩的心。

感恩是一种美德,更是一种情感的回馈和表达。不知道感恩的人,往往冷漠无情,注定无法在人生的道路上收获更多。怀有感恩的心,就是时时对自己拥有的以及对别人为自己所做的一切怀有敬意和感激之情。

作为青春期女孩的父母,应该引导孩子对自己的现状心存感激,对别人给予的帮助表达感谢。只有怀有一颗感恩的心,孩子才会感受到生命的美好和充实,才会在逆境中不畏前行,才会珍惜自己拥有的一切。以下几种方法可供父母参考:

方法一,引导孩子学会感受他人的情感。

一个不会感受他人情感的人,是无法去爱他人、付出自己的情感的。青春期女孩往往自我意识强,不懂得体谅他人。对此,父母首先要让女孩学会站在对方的角度思考问题,只有懂得换位思考,才能帮助孩子理解他人,懂得付出的意义。

方法二,言传身教,耳濡目染。

有一则公益广告是这样的：一位妈妈每天晚上都端来热腾腾的洗脚水给婆婆洗脚，忙完家务的她头上渗出了颗颗汗珠。在一旁看着的小男孩转身也打了一盆热乎乎的洗脚水，步履不稳地给妈妈端去，说："妈妈，洗脚。"画面感人至深，这就是无声的教育。

父母是孩子的第一任老师，他们的言行举止都会深深地刻印在孩子的脑海中，并逐渐成为一种行为上的暗示。因此，父母在实施感恩教育的过程中，首先要以身作则，用自己的行为去引导孩子。

方法三，让孩子参与劳动。

在很多家庭中，溺爱孩子是很常见的现象，所以叛逆的女孩也比以前更多。要想让孩子学会感恩，父母首先要让孩子参与劳动，比如帮忙做些家务，让她了解到父母的不易，学会关心体谅父母。

方法四，角色互换，帮助理解。

妈妈可以和女儿做"互换角色"的游戏，通过角色扮演，帮助孩子去理解、感激和关心他人，从而珍惜自己拥有的一切，并且体会到帮助别人是一件幸福的事情。

父母还可以利用合适的机会让孩子表达感激之情。逢年过节，提醒孩子对每一位家庭成员说一句祝福的话；家人过生日时，和孩子一同制作礼物，表达祝福。让孩子感受到给别人带来快乐的同时，自己也是非常快乐的。这样不仅可以增进家人之间的感情，也有助于培养孩子的感恩之情。

当孩子学会了感恩，才会少些怨天尤人，她的人生也才会更加富足。

家长课堂

感恩是一种情感教育、一种道德教育，感恩教育要从小抓起，从小事做起。孩子只有学会感恩，才懂得珍惜，才知道回报。父母要通过生活中的点滴小事培养女孩善良的品质，让她常怀感恩之心，心存感激地面对这个世界，才会得到更多的快乐和爱。